特別支援教育ライブラリー

分かりやすい「自立活動」領域の捉え方と実践
個々の実態に応じた行動要素の活用

付録 CD-ROM 「行動要素一覧表」エクセルデータ

香川邦生　著

教育出版

出版に当たって

　「養護・訓練」が，盲・聾・養護学校の教育課程の一領域として位置付けられた昭和 46（1971）年から数えて，もうすぐ半世紀を迎えようとしています。この間，平成 11（1999）年の学習指導要領の改訂においては，「自立活動」と名称変更して新たなスタートを切りましたが，その目指すところは当初から「障害児の主体的活動を伸長して自立を目指す」という点にありました。また，平成 19（2007）年度から我が国の障害児教育は，「特殊教育」から「特別支援教育」へと制度改革し，障害児教育の場は，特別支援学校や特別支援学級，あるいは通級指導教室等の特別な指導の場のみならず，小・中学校の通常の学級にまで広がり，対象児も発達障害児を含めて幅広く教育的支援の対象とするシステムとなりました。こうした変化の中においても，「自立活動」領域の指導は，色あせることなくますます重要な位置を占めることとなってきています。

　私は，この領域が位置付けられた当初から，ある時期は現場で実践する教員として，ある時期は当時の文部省の教科調査官として，またある時期は大学の研究者として，この分野の教育に関わってまいりました。このように長くこの分野の教育に関わってきた者の責任として，私がこの領域に寄せた感慨を何らかの形でまとめたいという思いから，今回「分かりやすい『自立活動』領域の捉え方と実践」の出版を企画しました。したがってこの本は，長年関わってきたこの領域に対する思いをまとめたものであり，ある意味で「自立活動」領域への私からのメッセージだということもできるのではないかと思っています。特に第Ⅰ編は，そういう諸々のメッセージを込めた内容ですが，「特別支援教育」への取り組みの深まりとともに，小・中学校の通常の学級に在籍する障害児に対する「自立活動」の指導への取り組みをどのように構築するかが大きな課題となっている昨今，そこへの橋渡しとしての機能も果たせれば幸いだと思

っています。

　また，第Ⅱ編では，「行動要素一覧」を示しましたが，これは私が「養護・訓練」領域と出会った当時，一人一人の児童生徒の実態把握に基づいて指導目標や内容を吟味するよすがとして作成した「行動要素一覧」に手を加えて編集し直したものです。このとき作成した「行動要素一覧」は，当時久我山盲学校の教員であった木塚泰弘先生（その後，国立特殊教育総合研究所視覚障害教育部長，日本ライトハウス理事長を歴任）と何日も泊まり込みで議論しながら作業を行ったもので，視覚障害児を想定したものでした。当時のことが懐かしく思い出されます。今回，お示しした「行動要素一覧」は，当初のそれにかなりの手を加えて全障害を視野に入れたものですが，分野が広いこともあって完成品となったわけではありません。むしろ「行動要素一覧の試案」として，今後様々な障害種の教育を行っていらっしゃる多くの方々から意見をいただき，練り上げてよいものを作り上げていく出発点としての機能を果たせればと考えています。したがって，「行動要素一覧」には，多くの重複した項目や欠落した項目等が存在するという認識のもと，今後に向けた発展の基盤としてご活用いただければ幸いです。

　おわりに，この本をまとめるに当たって，教育出版の阪口建吾さんに大変お世話になりました。心から感謝申し上げます。

平成 27 年 6 月

香 川　邦 生

目　次

出版に当たって

[Ⅰ　分かりやすい「自立活動」領域の捉え方]

第1　社会情勢の変化と「自立活動」領域の使命 ── 2
　1　特別支援教育への移行 ………………………………………… 2
　2　障害者権利条約と共生社会の課題 …………………………… 2
　3　時代の変化を超えて変わらず大切な「エンパワーメント」…… 4
　4　「自立活動」への名称変更とその背景 ……………………… 6

第2　「自立活動」領域の位置付けと構造 ── 7
　1　特別支援学校の教育目標と「自立活動」領域との関係 …… 7
　2　教育課程における「自立活動」領域の位置付け …………… 8
　3　改善・克服すべき障害の捉え方 ……………………………… 11
　4　「自立」の意味の検討 ………………………………………… 15
　5　「自立活動」領域の内容の構造 ……………………………… 18
　　(1)　障害種別間や学部間を超えて共通の内容を示す意図　18
　　(2)　教科の内容の示し方との違い　21
　　(3)　「自立活動」領域における具体的な指導事項の選定　22
　　(4)　「自立活動」の内容のＬ字構造　24
　　(5)　「自立活動」と重複障害者の特例との関係　26
　6　教え込む指導から学び取る指導へ …………………………… 26
　7　大切にしたい技術と技能の関係 ……………………………… 28
　8　小・中学校に在籍する障害児への対応 ……………………… 30

v

第3 指導の充実に向けた個別の指導計画 ──── 33
　1　大切な「指導に役立つ」という視点 ………… 33
　2　多様な側面からの実態把握の必要性 ………… 36
　　(1)　行動観察による実態把握　36
　　(2)　検査による実態把握　37
　　(3)　面接による実態把握の深化　37
　　(4)　チェックリストの活用による実態把握の構造化　38
　3　具体的で達成可能な目標・内容の設定 ………… 38
　4　核になる経験の重視 ………… 40
　5　個別の指導計画と具体的な指導の場 ………… 43
　6　学校における教育計画全体と個別の指導計画との関係の明確化 ‥ 43
　7　個別の教育支援計画との関係 ………… 44
　8　大切な保護者との連携 ………… 45
　9　チームアプローチの重要性 ………… 46

第4 通常の学級に在籍する障害児に対する自立活動の実践 ──── 47
　1　基本的な考え方 ………… 47
　2　指導の対象となる児童生徒 ………… 48
　3　特別な支援を行う際の手続き ………… 49
　　(1)　まずは担任の判断による要請　49
　　(2)　実態把握　50
　　(3)　「校内委員会」等での検討　51
　　(4)　保護者との連携　51
　　(5)　指導目標の明確化　52
　　(6)　指導経過に関する情報の共有等　53

[　Ⅱ　各分野・領域ごとの行動要素とその活用　]

第1 各分野・領域ごとの「行動要素一覧」を作成した意図と
　　 活用の方法 ──── 56
　1　各分野・領域の構造と項目配列の考え方 ………… 56

2　5段階区分の考え方 …………………………………………………… 58
　3　「行動要素一覧」の活用の仕方 ……………………………………… 59

第2　「行動要素一覧」を活用した指導の事例 ──────────── 61
　事例1　Y視覚障害児の場合 ……………………………………………… 61
　事例2　T聴覚障害児の場合 ……………………………………………… 64
　事例3　「ADHD」と診断されているA児の場合 ……………………… 68
　事例4　B肢体不自由児の場合 …………………………………………… 70

第3　各分野・領域ごとの5段階「行動要素一覧」 ─────────── 74
　1　障害の理解と心身の調整 ……………………………………………… 74
　　(1)　自己の障害等の理解　74
　　(2)　障害を改善する態度と障害を克服する意欲の形成　75
　2　探索操作 ………………………………………………………………… 77
　　(1)　手や腕による探索操作　77
　　(2)　視覚による探索操作と視覚補助具等の活用　80
　　(3)　聴覚による探索操作と聴覚補助具等の活用　81
　　(4)　味覚・嗅覚・皮膚感覚等による探索操作　83
　　(5)　足と全身の皮膚による探索操作　85
　3　行動の枠組みの形成と活用 …………………………………………… 85
　　(1)　モノの機能と質　85
　　(2)　数量の概念の活用と時間的順序付け　87
　　(3)　空間の表象や概念の形成と活用　88
　4　運動と姿勢 ……………………………………………………………… 89
　　(1)　全身の運動と姿勢　89
　　(2)　上肢の運動機能　92
　　(3)　作業時と座位における姿勢　93
　5　移動とその手段 ………………………………………………………… 94
　　(1)　介添による移動　94
　　(2)　目的単独移動　96
　　(3)　移動に必要な補助具の活用　97
　　(4)　移動環境の関係的理解　98

6　日常生活基本動作 …………………………………………………………… 99
　(1)　食事　　99
　(2)　排泄　　101
　(3)　着脱と着こなし　　101
　(4)　清潔と身繕い　　103
　(5)　睡眠　　104
　(6)　整理整頓　　105
7　作業基本動作 ……………………………………………………………… 106
　(1)　作業の基本技能　　106
　(2)　道具と接着材料等の活用技能　　108
　(3)　作業における構想と手順の見積もり　　110
　(4)　共同作業　　111
8　意思の相互伝達と社会性 ………………………………………………… 112
　(1)　対話　　112
　(2)　音声・語彙・語法　　115
　(3)　文字と符号　　117
　(4)　人間関係と社会性　　118

【補足】　重複障害児に対する行動のチェック項目 ────────── 121

付録　行動要素一覧（CD-ROM）

I

分かりやすい「自立活動」領域の捉え方

Ⅰ 分かりやすい「自立活動」領域の捉え方

 社会情勢の変化と「自立活動」領域の使命

1　特別支援教育への移行

　障害児（者）を取り巻く状況は，教育の分野においても処遇や福祉の分野においても，近年大きな変化を見せてきています。

　障害児教育の分野においては，平成19（2007）年度から，「特別支援教育」へと大きく方向転換しました。従来の「特殊教育」は，障害児を特別な場において行う教育でしたが，新たなシステムである「特別支援教育」は，どのような教育の場にいる障害児であっても，そのニーズに応じた支援を提供することのできる制度の構築を目指すものであると捉えることができます。また，このシステム下においては，特殊教育の時代には障害児教育の範疇に含まれていなかった学習障害（LD：learning disabilities），注意欠陥／多動性障害（ADHD：attention deficit hyperactivity disorder），高機能自閉症（high-functioning autism）などの障害児も対象となったため，特別支援教育の対象となる児童生徒は，一気に全児童生徒の8％程度を占めることとなりました。小・中学校の通常の学級に，発達障害児を含む軽度の障害児が約6％程度在籍していると推定されていますので，これらの児童生徒を視野に入れた教育が今後の大きな課題となります。特に，これらの児童生徒に対して「自立活動」的な指導をどのように展開するかは，慎重に検討して実践していかねばならない課題です。

2　障害者権利条約と共生社会の課題

　もう一つの大きな変化は，平成18（2006）年に国連総会において採択された「障害者の権利に関する条約（通称「障害者権利条約」）」に関連するものです。

この条約は、障害者の人権及び基本的自由の享有を確保し、障害者の固有の尊厳の尊重を促進することを目的として、障害者の権利の実現のための措置等について定めたものであり、「共生社会の実現」というキャッチフレーズのもと、我が国の障害者施策にも大きな影響を及ぼしてきています。我が国は平成19（2007）年9月にこの条約に署名をしましたが、必要な国内法等の整備を進める必要があったため、ようやく平成26（2014）年1月に批准を終了しました。批准に至るまでの経緯を見ますと、平成21（2009）年12月に政府は、「障がい者制度改革推進本部」を設立し、条約締結に向けて集中的に国内法制度改革を進めました。これにより、障害者基本法の改正（平成23〔2011〕年8月）、障害者総合支援法の成立（平成24〔2012〕年6月）、障害者差別解消法の成立及び障害者雇用促進法の改正（平成25〔2013〕年6月）など、制度改革のための法整備が行われました。障害児の教育分野においては、特に、インクルーシブ教育システム（inclusive education system）を構築するための検討が最も重要な課題でした。「インクルーシブ教育システム」とは、人間の多様性の尊重等の強化、障害者が精神的及び身体的な能力等を最大限に発揮して、自由な社会に効果的に参加することを可能とするとの目的のもと、障害のある者と障害のない者が共に学ぶ仕組みであり、障害のある者が教育制度一般（general education system）から排除されないこと、自己の生活する地域において初等中等教育の機会が与えられること、個人に必要な「合理的配慮」が提供されること等が必要とされる教育システムをいいます。なお、ここで用いられている「合理的配慮」とは、①教員・支援員等の確保、②施設・設備の整備、③個別の教育支援計画や個別の指導計画に対応した柔軟な教育課程の編成や教材等の配慮等を財政的な側面を配慮して進めることを意味していると解釈されます。今後は、特別支援教育の理念（どのような教育の場に在籍する障害のある児童生徒に対しても、ニーズに応じた教育的支援を提供する）と、インクルーシブ教育システムへの移行という課題を踏まえた障害児教育が推進されることになりますが、このシステム下においても、障害児の積極的な活動を促しつつ自立を目指すという「自立活動」領域に関連した指導がますます大切になってくると思われます。特に

課題となるのは，小・中学校の通常の学級に在籍している児童生徒に対するこの種の教育活動をどのように進めるかではないかと思われます。

障害者に関連した課題のみならず，我が国におけるこれからの課題は，超高齢社会到来の中で，「共生社会」実現に向けた取り組みをいかにして進めるかだと思われます。障害者に関連した課題として取り上げられてきた「バリアフリー」や「ユニバーサルデザイン」は，高齢者にとっても住みやすい環境条件の整備に関連した課題でもありますから，これからは障害者の課題と超高齢社会の課題を車の両輪として捉えて「共生社会」の実現を図っていく必要があるのではないかと思われます。

3　時代の変化を超えて変わらず大切な「エンパワーメント」

「共生社会」の実現に向けた取り組みは，障害者権利条約の批准に向けた施策や超高齢社会の到来を視野に入れた施策等によって，加速度的に展開されるようになってきていますが，その歴史は，かなり以前に遡ってその兆候を探ることができます。

特に，「完全参加と平等」をキャッチフレーズとした昭和56（1981）年の国際障害者年以降，障害者をめぐる諸問題が社会の大きな関心事となり，「障害者を特別視するのではなく，一般社会の中で普通の生活を送ることができる条件を整えるべきであり，共に生きる社会こそノーマルな社会である」というノーマライゼーション（normalization）の思潮が広がりを見せ，その大切さが認識されるようになってきました。ノーマライゼーションという崇高な理念のもとに，これを実現するための具体的方策として，バリアフリー（barrier-free）やユニバーサルデザイン（universal design）というキャッチフレーズがしばしば用いられるようになりました。バリアフリーは，もともと障害者や高齢者が安心して活動することのできる環境条件の整備など物理的障壁の除去という意味合いの強いことばですが，広義には様々な障壁の除去という意味にも用いられています。ノーマライゼーションを実現するためには，物理的障壁のみなら

ず，制度的障壁，文化・情報の障壁，意識上の障壁という四つの障壁をどのようにして除去していくかが大きな課題となります。また，ユニバーサルデザインは，障害の有無にかかわらず誰でもが無理なく利用できる商品やサービス，あるいは家や街並み等の設計を意味することばであり，近年においては，バリアフリーやユニバーサルデザインの理念に基づく地道な取り組みが政府レベルや地方自治体レベル，さらには民間レベルと，様々な形で行われるようになってきています。

　一方，ノーマライゼーションの実現のためには，共助・公助，互助，自助という「三つの助」が大切だといわれます。共助・公助は言うまでもなく障害者の様々な不自由な状態や活動の制限を社会全体で支えることを意味し，当然この中には経済的な公的支援策も含まれます。また互助は，「障害者は助けられる人」「障害のない者は助ける人」という一方通行の図式ではなく，お互いに助けたり助けられたりする関係を構築するという意味合いで用いられています。従来は，一方通行の図式が当たり前という認識が一般的でしたが，共に生きる社会を実現するためには，一方通行の認識を廃して，お互いに助けたり助けられたりする存在としての認識を構築していかねばなりません。幸いなことに近年，互助の輪は，緩やかではありますが確実に広がりを見せています。また自助は，障害者自らの努力によって自己の機能障害（impairment）がひき起こす日常生活上や学習上の様々な活動の制限などを改善するための取り組みを意味します。換言すれば，エンパワーメント（empowerment）の視点からの取り組みです。エンパワーメントということばは，アメリカの公民権運動等の社会改革活動に端を発しているといわれますが，現在では，保健・医療・福祉の分野，発展途上国の支援分野，性差別改善の分野，教育・心理学の分野等でかなり広く用いられるようになっています。それぞれの分野で，このことばの使われ方は必ずしも一様ではありませんが，福祉や教育の分野では，障害者や高齢者が自らの力を付ける，その力を獲得するプロセスをも含んだ概念として用いられる場合が多いといえます。また，援助の依頼においても，自己の主体性を発揮して最も望ましい援助方法を選択することのできる力の獲得をも含んだ概念と

して捉えることができます。さらにエンパワーメントは，障害幼児児童生徒の生きる力の育成やQOL（quality of life＝生活・人生の質）の視点と同心円上に存在すると見ることができるでしょう。

4　「自立活動」への名称変更とその背景

　21世紀の障害児教育は，「共生社会」実現のために学校教育が担うべき役割を十分に自覚し，「自立活動」を中核として障害幼児児童生徒の主体的活動を通して自立を目指す側面，すなわちエンパワーメントの側面にどのようにして働きかけていくかが大切であるといえます。この障害幼児児童生徒の主体的活動を通して自立を目指すという側面からの働きかけを大切にしたいという願いを込めて，平成11（1999）年の学習指導要領の改訂において，この領域の名称が「養護・訓練」から「自立活動」へと改称されたと見ることができます。

　さて，ここで領域の名称変更に関して少し言及しておきたいと思います。「養護・訓練」領域は，昭和46（1971）年から特殊教育諸学校の教育課程に位置付けられ，長年の実践を通して多くの成果を上げてきました。しかしながら，その領域の名称から，「保護する・養い守る」「繰り返し教え仕込む」という状態を連想させ，幼児児童生徒の積極的な活動というニュアンスが感じられないきらいがありました。教師間にこうした誤解は少ないものの，一般社会の人々の誤解を招く可能性は従来から指摘されてきていました。今後における障害児の教育は，家庭や地域社会との連携のもとに行われることがますます必要となってきていますが，こうした連携を図る際，誤解なく受け入れられる名称等が非常に重要です。そこで，幼児児童生徒の積極的で主体的な活動であることを明確にするとともに，領域の目指すところが自立にある点を表す名称が求められたのです。

　障害のある幼児児童生徒のエンパワーメントに働きかけるためには，教師主導の指導ではなく，思考力や判断力，問題解決能力等を重視した新しい学力観に基づく指導が求められますが，こうした力を培うためには，幼児児童生徒の

主体的な学習活動への取り組みの姿勢が大切です。「自立活動」は，幼児児童生徒の積極的な活動を通して自立を目指すという意味とともに，障害による様々な活動の制限を改善して自立を目指すという意味合いも有する領域名であり，この領域の性格を表す名称にふさわしいものといえるでしょう。

第2 「自立活動」領域の位置付けと構造

1　特別支援学校の教育目標と「自立活動」領域との関係

　学校教育法の第72条においては，「特別支援学校は，視覚障害者，聴覚障害者，知的障害者，肢体不自由者又は病弱者（身体虚弱者を含む。以下同じ。）に対して，幼稚園，小学校，中学校又は高等学校に準ずる教育を施すとともに，障害による学習上又は生活上の困難を克服し自立を図るために必要な知識技能を授けることを目的とする」と規定しています。この学校教育法第72条に規定されている特別支援学校の目的を受けて，特別支援学校（または特殊教育諸学校）の教育目標は，従来から学習指導要領において規定されてきました。具体的には，小学部に関しては小学校の教育目標と，中学部に関しては中学校の教育目標と全く同じであることをまず規定し，次いで障害児の教育に関わる固有の目標を掲げており，次のように規定しています。

　　総則　第1節　教育目標
　　　小学部及び中学部における教育については，学校教育法第72条に定める目的を実現するために，児童及び生徒の障害の状態及び特性等を十分考慮して，次に掲げる目標の達成に努めなければならない。
　　1　小学部においては，学校教育法第30条第1項に規定する小学校教育の目標

2　中学部においては，学校教育法第46条に規定する中学校教育の目標
　3　小学部及び中学部を通じ，児童及び生徒の障害による学習上又は生活上の困難を改善・克服し自立を図るために必要な知識，技能，態度及び習慣を養うこと。

　こうした教育目標の構造から，障害児教育の目的は，基本的には，小・中学校における教育と同様の教育を行うことですが，加えて，障害による学習上・生活上の困難を改善・克服して自立を図るために必要な知識・技能・態度・習慣を養うという目標が付加されているのです。
　この付加された目標に迫るための領域として設定されているのが，「自立活動」であると捉えることができるでしょう。

2　教育課程における「自立活動」領域の位置付け

　それでは，特別支援学校の教育の最も中心的課題を担う「自立活動」は，どのような場で，どのような形で指導されるのでしょうか。
　「特別支援学校小学部・中学部学習指導要領」の総則（「第2節　教育課程の編成」「第1　一般方針」の4）においては，次のように規定しています。

　4）学校における自立活動の指導は，障害による学習上又は生活上の困難を改善・克服し，自立し社会参加する資質を養うため，学校の教育活動全体を通じて適切に行うものとする。特に，自立活動の時間における指導は，各教科，道徳，外国語活動，総合的な学習の時間及び特別活動と密接な関連を保ち，個々の児童又は生徒の障害の状態や発達段階等を的確に把握して，適切な指導計画の下に行うよう配慮しなければならない。

　このように自立活動の指導は，特別支援学校において学校の教育活動全体を通して行うことを基本としていますので，特設された自立活動の時間における指導のみならず，各教科や道徳，特別活動，あるいは総合的な学習の時間の指導においても，障害を改善・克服するという視点から加味される指導内容・方

法は，自立活動の指導に位置付けられるものと考えることができます。ここでは道徳や特別活動等はさておき，最も理解していただく必要のある教科の指導と自立活動の指導との関係に視点を当てて見ておきたいと思います。

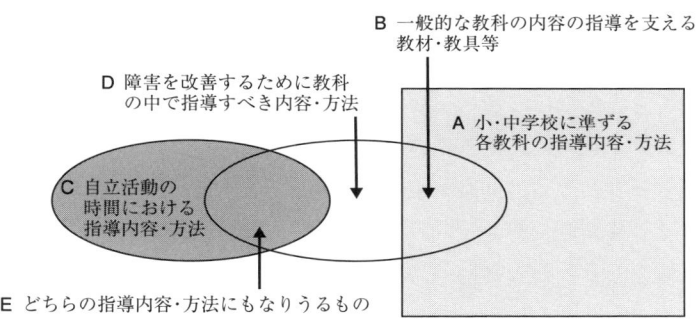

図2-1　各教科と自立活動との関係

　この教科の指導内容・方法と自立活動の指導内容・方法とは，図2-1に示すような関係になるのではないかと思われます。四角の部分は一般の小・中学校の教科の指導内容・方法であり，この教科の指導内容・方法も特別支援学校の教育上重要な部分です（ただし，知的障害者を教育する特別支援学校については，四角の部分が独自に規定されている教科の指導内容・方法となる）。自立活動に関する指導内容・方法は，二つの楕円形で示されています。白抜きの楕円形は，障害の改善・克服を目指す指導内容・方法であっても，基本的には教科を通して指導されるべき性質のものを指します。またグレーの楕円形は，基本的には特設された自立活動の時間における指導内容・方法です。この三つの部分の組み合わせで「A　一般的な教科の指導内容・方法」「B　一般的な教科の内容の指導を支える教材・教具等の指導」「C　自立活動の時間における指導内容・方法」「D　障害を改善するために教科の中で指導すべき内容・方法」「E　教科と自立活動のどちらの指導内容・方法にもなりうるもの」の五つのカテゴリーに分けることができます。このAからEを具体例を示しながら以下に説明したい

9

と思いますが，Aはまさに小・中学校における教科の指導内容・方法ですので，ここでは説明を割愛し，BからEのカテゴリーについて見ていきます。

　まずBですが，これは，Aの専門性を支える障害固有の教材・教具や指導法を意味します。例えば視覚障害教育の場合，盲人用物差しや分度器とそれを活用する技能等がこれに当たります。つまり，「5 cm の長さの線をひく」「25 度の角度をとる」等の内容は，一般の小学校の学習活動ですが，盲児童がこの学習活動を行うためには，盲人用物差しが必要ですし，この物差しを効率的に活用するための両手の協応や手指の使い方の指導が必要です。こうした指導は，まさに視覚障害による活動の制限を改善するものですが，教科の指導を通して行われるべき性質のものです。

　Cは，特設された自立活動の時間に指導すべき内容・方法であり，認知と動作の基礎指導や視覚障害児や肢体不自由児の歩行指導等がこれに当たります。つまり，指導内容・方法等が，教科とは異なる独自の体系を持っており，系統的・継続的に指導するためには，特別な指導時間を設定する必要があるものがこのCに該当します。

　次にDは，障害の改善・克服を目指した指導内容・方法であると同時に，それぞれの障害児教育独自の教科の専門性でもあるという性格のものを意味します。例えば，視覚障害児の教育における盲人用算盤の指導などがこれに当たります。盲人用算盤は，両手の親指・人差し指・中指の6本の指を用いるなど一般の算盤とは全く異なる運指法によりますし，点字では筆算形式による計算が困難なため，計算の多くを算盤に依存することになりますので，この指導は，視覚障害者を教育する特別支援学校固有の教科の指導内容として加味されるものであり，障害の改善・克服という明確な目標を持つ教科の指導内容・方法です。

　最後にEは，教科の時間と特設された自立活動の時間のいずれでも取り扱うことのできる指導内容・方法で，例えば視覚障害児に対する点字の初期指導や肢体不自由児に対する筆記用具活用の基礎指導等がこれに当たります。点字は，学習時の読み書き手段としての重要な位置を占めていますので，その初期指導

は，本来，国語の中心的指導内容として位置付けられる性質のものですが，例えば中学校の第2学年の段階で中途失明した生徒の場合には，短期間に集中した点字の初期指導を行い，各教科の学習がスムーズに運ぶ方途を考えなければなりません。このような場合に，国語の時間の指導という枠を越えて，多くの時間を自立活動に振り当て集中的に指導し，各教科の学習が効果的に行われるように配慮することが大切となるのです。また，肢体不自由児の教科学習を支える自助具の指導も，本来は教科の指導を通して行うのが適当ですが，中途で肢体不自由の状態が重度になったような場合には，特設された自立活動の時間に自助具の指導を取りだして行うことも有効だと思われます。こうした指導がEに当たるのです。

なお，図2-1（9ページ）は，基本的な考え方を示したものであり，障害によっては，若干アレンジせざるをえない部分もありますし，重複障害児の場合は，この図の中の教科の部分が非常に少なくなったり，全くなくなったりする場合もある点に留意する必要があります。

3 改善・克服すべき障害の捉え方

自立活動の目標は，前述したように「障害による学習上又は生活上の困難を主体的に改善・克服する」点にありますが，では，改善・克服すべき「学習上又は生活上の困難」とは，何を意味するのでしょうか。

ところで，1981（昭和56）年の国際障害者年を契機として，「障害」を三つのレベルで捉えようとする機運が我が国においても高まりました。三つの障害レベルとは，損傷（impairment），能力不全（disability），社会的不利（handicap）を指します。これは，WHOが1980（昭和55）年に試案として作成した「国際障害分類基準」（ICIDH：International Classification of Impairments, Disabilities and Handicaps）によるものです。この国際障害分類基準は1990年代に入って改訂作業が進められ，2001（平成13）年5月に新しい国際障害分類基準である「国際生活機能分類」（ICF：International Classification of Functioning Disability and

11

Ⅰ　分かりやすい「自立活動」領域の捉え方

Health）が，WHO の総会において採択されました。ICF の大きな特徴は，その評価に「背景因子」（contextual factors）として「環境因子」（environmental factors）と「個人因子」（personal factors）という観点を加えた点です。これまでの ICIDH は，身体機能の障害を分類するという考え方が中心でしたが，同じレベルの身体機能の障害があっても，バリアフリー化が進んだ環境条件下で生活していれば，そうした整備が遅れている環境条件下で生活している場合と較べて活動や参加のレベルが大幅に向上しますし，年齢や性別，あるいは個性等の個々人の特性も活動や参加のレベルに大きく関与している点に注目したのです。このような考え方は，障害者はもとより，全国民の保健・医療・福祉サービス，ひいては今後における社会システムや技術のあり方の方向性を示唆するものとして画期的だといえます。

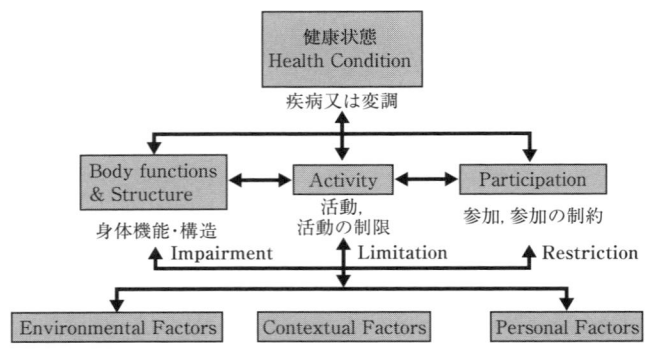

図 2-2　国際生活機能分類（ICF モデル）
（WHO において，2001 年 5 月 22 日改定）

この国際生活機能分類においては，心身機能・身体構造（body function & structure），活動（activity），参加（participation）という三つのレベルと背景因子の関係を，図 2-2 のように示しています。

この三つのレベルについて，視覚障害を例にとって具体的に見てみたいと思います。自立活動が担う「障害による学習上又は生活上の困難」の改善は，例

えば，眼の病気や眼が見えないこと自体の心身機能・身体構造が損傷されている状態の改善ではなく，器質的損傷や機能的不全によってもたらされた日常生活上あるいは学習上の様々な活動の制限の改善を意味しています。例えば，眼が見えない又は見えにくいという状態や視器の疾病は，医学上の治療対象であって，教育によって改善できる性質のものではありませんし，医学的な治療をすべて行った後，疾病や怪我の後遺症として視器に何らかの損傷が残り，それが原因で見えない又は見えづらい状態が永続的に残った場合も，見えない又は見えづらい状態そのものを改善するのは，教育が担うべき性質のものではありません。現在の医学では治癒が困難なものであっても，将来は医学の進歩によって治癒できる疾病になるかもしれませんし，あるいは将来，生命工学の進歩によって，視器に替わる人工眼を備えることができる時代がくるかもしれません。いずれにしても，心身機能・身体構造の損傷の改善は，医学や生命工学の担うべき課題といえます。

　しかし，見えない又は見えづらい状態から起こる「歩けない」「周囲の状況が分からない」「読めない」等の様々な学習上あるいは生活上の活動の制限は，まさに教育が担うべき課題であるといえます。日常生活上あるいは学習上の活動の制限を改善して，心身の調和的発達の基盤を培うところに自立活動の意義があるといえます。

　もう一つ参加の制約についても見てみます。眼が見えないために，あるいは見えづらいために，能力があっても職業に就くことができなかったり，あるいは，点字の本が少ないために公共の図書館を利用することができなかったりという状況は，視覚障害者に様々な参加の機会の制約をもたらします。このように，社会の中で人として当然処遇されるべき事柄が，障害があるためにその処遇すら受けられない状態を，「参加の制約」と捉えます。特別支援学校に在籍している児童生徒も，将来は社会人として地域の中で活躍する人間になることが期待されているわけですから，自立活動の指導においても，当然この「参加の制約」の解消を視野に入れて指導を行っていく必要があります。しかし，こうした社会参加の制約を解消していくためには，行政的な施策とともに，社会

の人々の理解と協力が大切であることはいうまでもありません。WHOの国際生活機能分類においては，障害者がどのような背景因子（contextual factors）の中で生活しているかを大切にしようとしています。障害者の住みよい環境や障害者に対する社会の理解の状況が変われば，障害者の活動の制限や社会参加の状況は大きく変わるからです。

　従来，障害が重いか軽いか等は，身体等の損傷が重いか軽いかという「医学モデル」を基準にしてきましたが，先に述べたWHOの採択した「国際生活機能分類：ICF」においても，また，国連が2006（平成18）年の総会で採択し，我が国が2014（平成26）年1月に批准した「障害者権利条約」においても，障害は社会との関係においてもたらされる様々な不自由であるという趣旨のことが述べられています。いわゆる従来の「医学モデル」ではなく，「社会モデル」あるいは「生活モデル」であるという考え方が全面に打ち出されているのです。

　この「社会モデル」あるいは「生活モデル」に関して，もう少し考えてみたいと思います。例えば，どこへ行くにもスロープやエレベーター等が利用できる環境であり，また，職場や学校等においても，車椅子で楽に移動できるスペースや車椅子用の机，車椅子で入れるトイレ等が整備されているならば，下肢が不自由で車椅子での移動を余儀なくされている者も，それほど不自由なしに生活することができます。

　また，話が少し極端になりますが，ある国の国民の多くが視力0.1程度であるならば，その国の様々な仕事や生活の仕組みは，0.1の視力の者が不自由なくできるように整備されるに違いありません。つまり，視力0.1の者は，正常であり弱視者ではないのです。

　障害があるか否かは，社会の大多数の人々（マジョリティ：majority）の中にあって，その人々とは異なった存在のために不自由な状態にある人々（マイノリティ：minority）を意味するのだということもいえるのではないでしょうか。「社会の仕組みや環境条件が変われば，不自由な状態も大きく変わる」ということを肝に銘じて，行政的対応や社会の理解の促進を行っていかねばなりませ

んが，それを推進する者の一人に，障害当事者も含まれていることを自覚させて，その改善のために努力できる人材育成にも障害児教育は関わっていかねばならないと思うのです。こうした力の育成は，エンパワーメントの視点からの取り組みが功を奏するのではないかと思います。

また，人間は障害があるか否かに関わりなく，自分の力でできることをすべて行っているわけではありません。「活動」や「参加」のレベルも，能力的にはできることでも，実際の行為としては行っていないということはかなり多いのではないでしょうか。いわゆる「できる行為」と「している行為」のズレの課題です。こうしたズレは，環境条件や本人の自覚の問題も絡んで簡単に解決できるものではありませんが，自立活動を進める上での実態把握においては，「できる行為」と「している行為」を含めた把握に努め，「できる行為」と「している行為」のギャップを少なくするような指導も大切だと思われます。こうした点は，「個人因子」に関連した課題として，自立活動の指導においても視野に入れなければならないと思います。

さて，自立活動の指導においては，前述したように「障害の改善」，つまり学習上や生活上の不自由な状態の制限をいかにして改善するかが大変重要な課題となりますが，「障害の克服」となると事情は少々異なります。障害を克服するためには，自分の心身機能・身体構造の損傷状態を受容することを始め，自分の活動の制限がある程度残っても，それを受け入れて前向きに生きようとすること，社会との関わりを大切にしながら前向きな姿勢で課題に取り組もうとすること等が大切だからです。このため，障害の克服には，心身機能・身体構造，活動，参加のすべてを視野に入れるとともに，環境因子や個人因子をも考慮した指導が望まれます。

4　「自立」の意味の検討

特別支援学校における教育は，「自立を図るために必要な知識技能を授けること」（学校教育法第72条）を目的としています。ところが，この障害児教育

の目指す「自立」をどのように捉えたらよいかに関して明確な指針が示されているわけではありません。従来考えられてきた「自立」には，衣食住を自分で支えるだけの経済的な基盤を持っていること（経済的自立），身の回りのことは自分で処理することができること（身辺的自立・ADL自立），精神的に安定した生活を営んでいること（精神的自立），社会的な役割を果たしていること（社会的自立）等が含まれていたと思われます。昨今における自立の概念は，この従来から考えられてきた自立の概念のみではありませんので，これを「古典的自立」と呼ぶこともできるのではないかと思います。

　この「古典的自立」の概念を揺るがせたのが1970年代の初めにアメリカのカリフォルニア州において起こった「自立生活運動」というソーシャルアクションでした。自立生活運動には，非常に重要な理念がいくつも含まれているのですが，その中心的理念をごくかいつまんで見てみたいと思います。この自立生活運動を起こしたのは，四肢や体幹に重篤な障害があり，ほぼ24時間介護を必要とするような方々でした。彼らには重篤な障害があり，ほとんど24時間の介護なしには生活がままならないのですが，「私たちにも自立はある」と主張したのです。今日何をしたいか，どこへ行きたいか等を自分で決定し，その結果に責任を持つことができるならば，活動の過程の中で多くの人々の助力や介護を受けてもそれは立派な自立である，というのが彼らの主張です。こうした主張は，特に1981年の国際障害者年を契機として全世界に発信され，我が国にも大きな影響をもたらしました。そして，1986（昭和61）年には，「ヒューマンケア協会」が設立され，我が国の自立生活センターのまとめ役としての機能を果たしています。平成24（2012）年現在で全国に自立生活センターが約120か所あるといわれています。いずれにしても，常時介護を必要とするような重篤な障害があっても自立は可能であるという考え方は現在多くの関係者に支持され，自立の一つの柱を担う考え方になってきています。

　ところで，特別支援学校に在籍する児童生徒の障害の重度化・多様化が進み，現在では「古典的自立」のできる者，「自立生活」ができる者のみならず，この両者もままならない障害者が増えてきています。このような方々の自立をど

第2　「自立活動」領域の位置付けと構造

のように考えたらいいかは大きな課題です。今までの自立の概念に当てはまらないから，彼らには自立がないというのであれば，特別支援学校の教育目的「……障害による学習上又は生活上の困難を克服し自立を図るために必要な知識技能を授けることを目的とする」を受けて，特別支援学校等で行っている教育活動，なかんずく「自立活動」領域の教育活動は何とむなしい響きを持つ取り組みなのでしょうか。なぜならば，障害の重い子どもほど，「自立活動」領域の指導を重視するという教育課程編成の構造になっているからです。

　筆者は前々から，こういう重い障害の方の自立をどのように捉えたらいいか考えてきました。ごく最近，肢体不自由児を教育する特別支援学校のＰＴＡの会合に招かれて保護者の方々と意見交換する機会がありました。肢体不自由児を教育する特別支援学校は，ご承知の通り非常に重篤な子どもがかなり多く在籍しています。もちろんその多くの方は，「古典的自立」も「自立生活」の理念に基づく自立もままならない方々です。こういうお子さんの保護者は，将来我が子の生活をどのようにしたいと望んでいるのか，大きな関心がありました。そこでこのPTAの会合に招かれた折に，保護者の方々，特にお母さん方にいろいろ意見をお聞きしました。お母さん方の意見はおおかた次のようなものでした。

　まず将来に関する不安は，①将来兄弟姉妹とどのような関係を保っていくことができるのか，②将来生活を支える基盤はどのようになるのか，③将来の障害者施設や社会保障はどのようになるのか，④将来の医療的ケアやリハビリはどうなるのか，等が代表するものでした。また，我が子の将来の自立についてのイメージは，ともかく「親や兄弟から独立して作業所や入所施設等に籍を置き，仲間や支えてくれる人々とリズムのある安定した生活を共にしていく」というものでした。こうしたお母さん方の考え方に，「なるほど」と今までの筆者の考え方が整理され，すっきりとする思いでした。そして，このような保護者の思いを受け止めて，重篤な障害のある人々の自立を「尊厳的自立」と位置付けることはできないかと思うようになりました。

　ちょっと話は前後しますが，「古典的自立」に該当する多くの人々は，誰の

17

支援も受けずに自らの力で生活していると思っているのではないでしょうか。しかし，どんなに自らの力のみで生活していると自負している人々であっても，国家の様々な法律の支えのもとで，あるいは地域や職場の人々の支援を受けながら生活しているのであり，そういう支えや支援があってはじめて一人の人間としての充実した人生を歩むことができているのではないかと思います。こうした支えや支援の度合いは，障害があるか否かにかかわらず人それぞれに異なるのは当然であると考えるならば，「古典的自立」から「自立生活」，さらには「尊厳的自立」と，支えや支援の度合いが異なっても，一連の流れの「自立」として受け止めることができるように思うのです。その根底にある潮流は，「基本的人権を享有する個人としての尊厳」にふさわしい処遇なのではないでしょうか。

　平成25（2013）年に，「障害者自立支援法」が改正されて，「障害者総合支援法」に移行しましたが，この法律においては，障害の有無にかかわらず，すべての人々の基本的人権を尊重する「共生社会」の実現に向けて，障害者の「自立」を支援するという従来の目的意識から，「基本的人権を享有する個人としての尊厳」にふさわしい処遇のための支援を行うという目的意識に移行しました。この移行は，「尊厳的自立」を支える基盤を打ち出したものだと言えるのではないかと思うのです。

　どんなに重い障害のある方であっても，一人一人が人生の主人公です。この主人公が共に生きる「共生社会」の中で人間らしく生きていくことこそ「自立」の基本であり，自らの力を最大限に発揮して主人公としての自己実現を果たすための具体的取り組みをどう担うのかが障害児教育に求められているといえます。

5　「自立活動」領域の内容の構造

(1)　障害種別間や学部間を超えて共通の内容を示す意図

　学習指導要領の「自立活動」領域には，小学部から高等部まで全く同じ内容

が示されています。また，幼稚部教育要領の自立活動の内容も，小学部・中学部・高等部のそれと全く同じです。さらに，障害種別を超えて，同じ内容となっています。対象となる年齢層や障害種別を超えて，全く同じ内容を示しているのは，いったいなぜなのでしょうか。

学習指導要領に示されている自立活動の内容は，人間としての基本的な行動を遂行するために必要な要素と，障害に基づく種々の困難を改善・克服するために必要な要素とを抽象レベルで抜き出し，それを六つのカテゴリーに分類整理するという方法で示している点を，まず理解する必要があります。また，こうした観点から示されている内容は，具体的な指導内容そのもの（料理にたとえると，すぐに食べられる料理）ではなく，具体的な指導内容を構成する要素（料理にたとえると，料理の材料）であると捉えることができる点の理解も重要だと思います。障害種別や発達段階の違いによってすぐに食べられる料理（具体的指導内容）は，料理の種類のみならず味付けや軟らかさなどの点でも異なりますが，料理の材料（指導内容を構成する要素：学習指導要領に示している内容）は，全く同じものでも十分事足りるということがいえます。以上のような考え方に立って，障害種別や発達段階を超えて，自立活動の内容は同一の示し方をしているのです。

こうした内容の示し方は，昭和46（1971）年に「養護・訓練」が教育課程の編成領域に位置付けられた当初から，幾度かの改訂を経た今日まで変わらずに受け継がれています。

内容の示し方でもう一つ注目したい点は，学習指導要領における内容の示し方は，ある種の内容に範囲を限定したり，ある種の内容を排除したりするような示し方ではないということです。昭和46（1971）年に「養護・訓練」が教育課程の編成領域に位置付けられたときは，「心身の適応」「運動機能の向上」「感覚機能の向上」「意思の伝達」という四つの内容の柱のもとにわずかに12項目が内容として示されましたが，この当初から，前述した内容の範囲の限定やある種の内容の除外ということを意図せず，「人間としての基本的な行動を遂行するために必要な要素と，障害に基づく種々の困難を改善・克服するため

I 分かりやすい「自立活動」領域の捉え方

に必要な要素を抽象レベルで抽出する」という観点から，これらのすべてを網羅することを意図してその代表選手を抽象レベルで選定して示したものでした。それではなぜ，学習指導要領の改訂において，内容の柱が4から5になったり，5から6になったり，また，内容の下位項目が増えたりしてきたという経緯があるのでしょうか。それは，実践の積み重ねにつれて，あるいは児童生徒の実態の変化につれて，「人間としての基本的な行動を遂行するために必要な要素と，障害に基づく種々の困難を改善・克服するために必要な要素」を代表する柱や内容の小項目を追加したり入れ替えたりした方が実情にあっていると判断されたからです。決して今までは想定されていなかった内容を加えたり，排除すべき内容を取り除いたりしようという意図ではないことに留意する必要があります。こうした点を図 2-3 に示しましたので，参考にしていただきたいと思います。

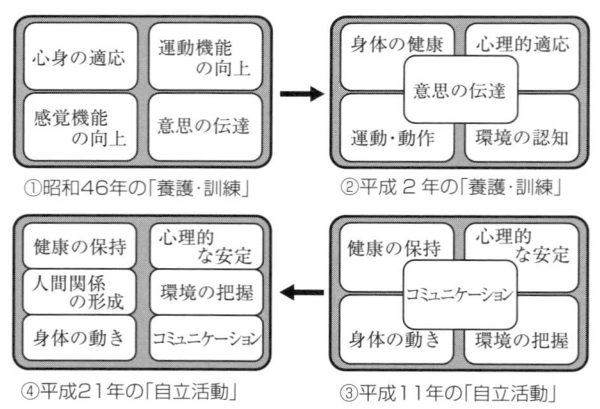

図 2-3　学習指導要領に示された内容構成の模式図

　平成 21（2009）年の学習指導要領の改訂においては，重度・重複障害児童生徒や多様化した児童生徒の指導により適切に対応することができるようにするため，この内容の見直しを行い，六つのカテゴリー（区分）のもとに 26 項目

20

が示されました。内容のカテゴリーの名称も、「健康の保持」「心理的な安定」「人間関係の形成」「環境の把握」「身体の動き」「コミュニケーション」と改められています。

(2) 教科の内容の示し方との違い

前述したような意図で学習指導要領に示された自立活動の内容は、具体的な指導内容そのものを示したものではなく、指導内容を構成する要素を示しているものであるという点を、理解する必要があります。つまり、料理にたとえると、すぐに食べさせることのできる料理そのものを示しているのではなく、料理を作るための材料がカテゴリーごとに示されているのです。この点は、例えば、小学校等の教科の内容の示し方とはかなり異なっていますので、教科の内容の示し方と対比してその違いを、**表2-1** にまとめてみます。

表2-1 教科と自立活動の内容の示し方の違い

教科の内容の示し方	自立活動の内容の示し方
①標準発達を踏まえている	①標準発達に対応する考えはない
②できるだけ具体的な指導内容を示そうとしている	②具体的な指導内容の構成要素を示している
③標準的な発達をしている児童にはすべての指導を行うことを前提としている	③示されている内容は必要に応じて指導するというメニュー方式である

表の説明を少々付け加えたいと思いますが、話を分かりやすくするため、小学校学習指導要領に示されている第1学年の算数の内容と、自立活動の内容とを比較してみたいと思います。

小学校第1学年の算数の内容は、6歳という標準発達を想定して、その発達段階に達している児童には、時間数との関連も考慮して1年間にこれだけの内容を教えることができるという見通しのもとに設定されています。この学習指導要領の内容に基づいて、教科書が作成されているわけです。それに対して自立活動の内容は、前述しましたように、人間としての基本的な行動を遂行する

ために必要な要素と，障害に基づく種々の困難を改善・克服するために必要な要素とを抽象レベルで抜き出し，それを六つのカテゴリーに分けて分類整理するという方法で示されていますので，標準発達という考え方に立っていないのです。

　また，第１学年における算数の具体的な内容を見ますと，例えば，「１位数と１位数との加法及びその逆の減法の計算の仕方を考え，それらの計算が確実にできること」「長さ，面積，体積を直接比べること」等と示されています。これらは，児童に何を教えたらよいかがよく分かる表現です。それに対して，特別支援学校の学習指導要領に示されている自立活動の内容は，例えば，「保有する感覚の活用に関すること」「感覚の補助及び代行手段の活用に関すること」等と，非常に抽象レベルの高い示し方をしていますので，これを見ただけでは，具体的にどんな指導をしたらよいのかがイメージできません。これは，前者の算数の内容が，具体的な指導内容そのもの（すぐ食べることのできる料理そのもの）を示しているのに対して，自立活動の内容は，具体的な指導内容を構成する要素（料理を作るために必要な材料）を示すという形式をとっているためです。

　さらに，小学校第１学年の算数に示されている内容は，６歳の標準発達を遂げている児童には，１年間ですべてを指導することを建前としていますが，自立活動に示されている内容は，どの児童生徒にもすべてを指導するということを決して意図していません。児童生徒の障害の種類や程度等は，一人一人異なりますので，それぞれに必要な内容（学習指導要領に示されている内容）を抜き出して，具体的な指導内容（すぐ食べさせることのできる料理）を設定すればよいのです。したがって，学習指導要領に示されている内容であっても，ある児童生徒に対しては取り扱わない内容があっても一向にかまわないと考えて差し支えはありません。

(3) 「自立活動」領域における具体的な指導事項の選定

　学習指導要領の自立活動の内容には，前述したように具体的な指導内容（す

ぐに食べることのできる料理）を構成する要素（料理の材料）が示されているわけですから，指導計画を作成する場合には，一人一人の児童生徒の障害の状態や発達段階，経験の程度などを踏まえて，必要とする要素（学習指導要領に示されている内容）を選定し，それらを相互に関連づけて具体的な指導内容を構成したり，逆に具体的な指導内容を選定した場合に，それに関連した要素を抜き出してその能力の向上を目指したりすることが求められています。

例えば，具体的な指導内容として盲児童生徒に対する歩行指導を選定した場合について考えてみます。盲児童生徒にとっての歩行は，当然のことながらただ単に足で歩くという「身体の動き」だけが関与しているわけではありません。いやむしろ，安全に効率よく目的地まで歩くためには，いかにして地理的空間等に関する正確な情報を得るかが最も重要な点となります。つまり，環境の把握能力が非常に大切な役割を演じるのです。また，未知の場所へ盲児童生徒が一人で歩いて行って目的を達成するためには，通りがかりの不特定多数の人々から必要な情報を提供してもらったり，ときには目的地まで案内してもらったりすることのできるコミュニケーションの技術も大切です。さらに，こうしたひとり歩きの能力を一歩一歩獲得していくことで，心理的な安定も増し，心身ともに調和的な人間形成の大きな力となるのです。

歩行を例にとって，具体的な指導内容（すぐに食べさせることのできる料理）と学習指導要領に示されている内容（料理の材料）との関係を見てきましたが，このように，歩行という一つの料理を作るには，多くの料理の材料が必要となります。歩行が単に「身体の動き」の内容の区分に属するような単純なものではないのだということがお分かりいただけたのではないかと思います。こうした関係は，どの具体的指導内容を取り上げてもいえることです。言語指導などは，一見「コミュニケーション」の区分に属する指導内容に違いないと思われるでしょうが，これとて「コミュニケーション」の内容の区分だけの材料ではできない料理なのです。なぜなら，ことばを指導するためには，単にことばを繰り返し提示するだけではなく，身体の動きや身の回りの具体物の認知と結びつけた概念形成を図り，生きたことばとして提示していくことが求められるか

23

らです。つまり，多くの内容の区分から必要な要素を集めてはじめて言語指導という料理を作ることが可能なのです。

このように，具体的な一つの指導内容を取り上げた場合には，どのような場面でどのような要素と関連した指導を展開することができるかを明確にしておくことが大切であるといえます。学習指導要領の「第7章 自立活動」の「指導計画の作成と内容の取扱い」において，「……第2に示す内容の中からそれぞれに必要とする項目を選定し，それらを相互に関連づけ……」とあるのは，このことを示したものなのです。

(4) 「自立活動」の内容のL字構造

何度も繰り返すことになりますが，学習指導要領に示されている自立活動の内容は，人間としての基本的な行動を遂行するために必要な要素と，障害に基づく種々の困難を改善・克服するために必要な要素とを抽象レベルで抜き出し，これを分類整理したものです。したがって，人間が産声を上げた段階から，成人に至る段階までの基本的な人間行動を支えるすべての要素を含んでいると解釈されます。また，障害のない児童生徒の場合は，各発達段階に応じて，学校生活や日常生活の様々な経験を通して自然に身に付く事柄も，障害がある故に，意図的な指導を必要とする事柄があります。例えば，盲児の歩行指導や，聾児の言語指導，肢体不自由児の移動能力の向上指導などがそれに当たります。盲児の歩行を例にして，もう少し詳しく述べてみます。

何の障害もない子どもが小学校に入学した場合，はじめて通学するときは，保護者や近所の上級生あるいは兄や姉に連れられて，最も安全で効率的な通学路を何度か通ってみることになると思います。しかし，どんなに複雑な通学路を通う子どもであっても，この段階はほんの数度でいいように思います。筆者は山の中の田舎の小学校に通ったので片道約1時間もかかる通学路でしたが，数度兄弟に連れられて通った後は一人での通学が可能でした。ところが，目の不自由な子ども，とりわけ全盲の子どもの場合の通学は，そんなに簡単なものではありません。ここで詳しいことを述べるのは避けますが，少なくとも，一

人通学を実現するために何年にもわたる地道で段階的な指導・支援が必要となるのです。こうした地道で段階的な指導・実践が**図2-4**のアミかけをしてあるL字形の部分の縦の部分だと考えていただきたいと思います。

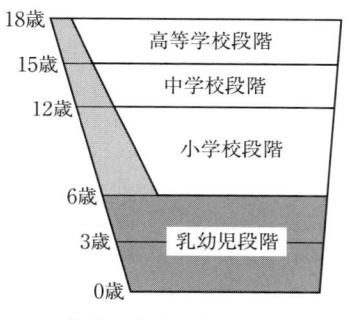
①学校教育の基礎段階の指導（横軸）と小学校以降の発達段階に付加される指導（縦軸）からなる「L字構造」の模式図

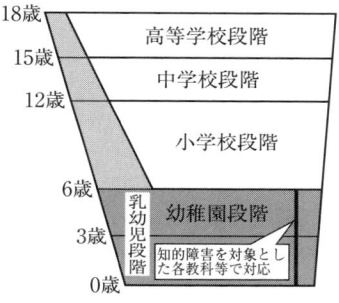
②学校教育の基礎段階の指導（横軸）の部分を，自立活動のみならず幼稚部教育要領や知的障害を対象とした各教科等でも対応できる点を加味

図2-4　自立活動領域のL字構造

　以上に説明しましたように，自立活動の具体的な指導内容は，小学部における学習の基盤となる初期の人間行動を支える内容の部分（L字の横の部分）と，小学部・中学部・高等部における各教科等の学習とともに，その年代の発達段階にふさわしい学習が付加される内容の部分（L字の縦の部分）とから成り立っていると解釈することができるため，図2-4の①に示すようないわゆるL字の構造を持っていると考えられます。このような構造から，通常は0歳から6歳ごろまでに獲得される様々な発達上の課題は，すべて自立活動として位置付けることができると解釈されています。

　なお，図2-4の②に示すように，L字構造の横の部分の3歳以上6歳未満の発達段階の児童生徒の指導においては，幼稚部教育要領の内容を参考にしたり，L字構造の横の部分の全般を，知的障害者を教育する教科等の指導内容を参考

にしたりすることができる仕組みに学習指導要領上でなっている点にも留意していただきたいと思います（図2-4②）。

(5) 「自立活動」と重複障害者の特例との関係

ところで，学習指導要領には，重複障害者のための様々な特例が設けられていますが，その中に学習が著しく困難な児童生徒の場合は，各教科に代えて自立活動の指導を中心に据えた教育課程を編成してもよいという趣旨の特例が設けられています。この特例は，前述した自立活動領域のL字構造（図2-4）から見ると納得していただけるのではないかと思います。どんなに発達上の遅れが著しい重複障害児であっても，自立活動を主とした指導で対応できるわけですが，いうまでもなく自立活動という領域の枠内で何を指導するかは，一人一人の児童生徒ごとにその実態に応じて吟味されなければなりません。

なお，重複障害児童生徒の場合は，自立活動を中核に据えた指導のみならず，各教科・道徳・外国語活動・特別活動・自立活動の全部又は一部について合わせて授業を行うことができるという特例（学校教育法施行規則第130条第2項）がある点にも留意する必要があります。

6　教え込む指導から学び取る指導へ

ところで，自立活動領域の目標は，「個々の児童又は生徒が自立を目指し，障害による学習上又は生活上の困難を主体的に改善・克服する」ところにある点が学習指導要領に明記され，特に，児童生徒の主体的な学習活動であることが強調されています。

障害の改善・克服に関する指導は，従前から個別的な指導が大切であるとされてきました。個別的な指導は，必ずしもマンツーマンの指導を意味するものではありませんが，この領域が教育課程上に位置付けられた「養護・訓練」といわれた時期から，一対一の指導体制を整える努力が行われてきた向きがうかがわれます。こうした指導体制は，きめ細かな指導を行う上では有効ですが，

ともすると教師主導の「教え込む」指導に陥りやすいという危険性をはらんでいます。児童生徒の主体的な学習活動を尊重してエンパワーメントに働きかけることを明確にする意図も含めて、平成11 (2013) 年の学習指導要領の改訂において、この領域が「養護・訓練」から「自立活動」へと名称変更されたわけですから、こうした意味合いも含めて、マンツーマン（man to man）の指導から、マンツーエンバイロメント（man to environment）の指導へと移行していくことが望まれます。このマンツーエンバイロメントの指導とは、教員は児童生徒が興味・関心を持って主体的に働きかけることのできる環境整備に主眼を置き、児童生徒がその環境に働きかけて主体的に学び取るという手法を意味します。この場合、教員自身も人的環境の一部となって、児童生徒の働きかけに適切に応答することが求められます。つまり、「教え込む指導」から「学び取る指導」への発想の転換が大切なのです。

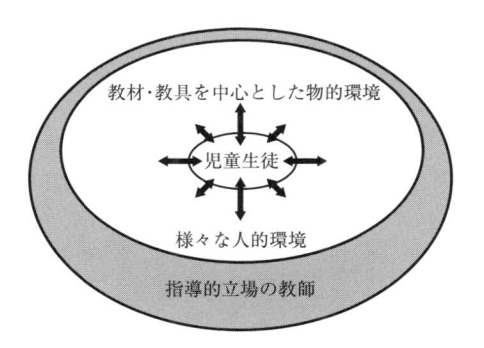

図 2-5　マンツーエンバイロメントの構造
（man-to-environment）

　児童生徒の主体的な活動の尊重というと、教師はただ「見守る」という姿勢が強調されやすいのですが、決してそんな安易なものではありません。目的的に児童生徒が教材・教具や環境に働きかけて、そこから「学び取る」条件を整えるのは、教師にとっては「教え込む」指導よりも大変です。児童生徒が主体的に「学び取る」条件を整備するためには、児童生徒の発達段階やニーズを的

確に把握して，興味や関心を持って働きかけることのできる教材・教具や環境条件を適切に用意し，成就感を持って「学び取る」ことができるようにしなければならないからです。児童生徒の働きかけに対して，適切に応答する環境（人的・物的）をいかにして整備するかが教員の役割であり，この点に関する責務を十分に自覚しなければなりません（図 2-5）。

7　大切にしたい技術と技能の関係

　現場教育における指導は，多くの場合，教師と児童生徒の人間的接触を通して行われます。こうした人間的接触を通した指導は，自立活動に限ったことではなく教育全般にいえることですが，特に自立活動領域においては，一人一人の発達段階や興味・関心，さらには得意分野と不得意分野等を視野に入れて指導内容の選定や指導方法の吟味を行わなければならないため，児童生徒との密接なふれあいの場を設定して指導の効果を高める教師の力量が問われます。

　「養護・訓練」の時代から今日まで，この分野は 40 年以上の現場教育における実践的積み重ねが行われており，多くの具体的指導内容・方法が蓄積されてきています。こうした具体的な指導内容・方法は，著書や論文によって教師の共有財産化されてきていますが，教育のような対人関係の仕事においては，本を読んでその通りを実践すれば，書物に示されている実績と同様な結果が得られるというような生やさしいものでないことは言うまでもありません。本に書かれている実践のノウハウは，人に伝えることのできる技術的情報として示されたものですが，対人関係の仕事においては，化学や物理の実験のように，AにBの刺激を与えるとCになるというような簡単なものでないことは，声を大にして言うまでもないことです。先に示した児童生徒が環境から学び取るという「マンツーエンバイロメント」の構造を効果的に進めるためには，なおさらそこに人間味あふれる教師の個人的な工夫やさじ加減が必要になります。本を読んで分かったと思っても，千差万別の個人差のある児童生徒に対応するためには，他人の開発した教育的技術を咀嚼して自分のものにするだけではなく，

それを実践の中で自分の身に付いた技能として獲得することが求められるのです。つまり，「技術の技能化」が非常に大切だといえます。技術と技能とは表裏の関係にありますが，両者の間にはかなり異なる側面がありますので，この違いを明確に認識して対応することが大切です。

　昔，有名な刀鍛冶などに弟子入りしても，親方は決して技術を教えなかったといわれています。弟子は，毎日親方の一挙手一投足を見て，どのくらいに鉄を熱し，どのくらい鉄を鍛えたらいいかの技能を盗み取ったのです。鉄を何度の高温で何分間熱し，どのくらいの圧力で叩いて鍛えたらいいかということを，図や言語で知識として教えたなら，多くの歳月を費やさなくても親方のやり方を効率的に伝えられたかも知れませんが，親方はもっぱら自分のやり方を弟子に見させて，実地の経験から教えていくという方法をとったのです。これが徒弟制度による弟子の育て方でした。

　一般に技能は主観的なものだといわれ，技能者自身が自分の特性を踏まえた経験で築き上げて身に付けた技であると解釈されています。これに対して技術は，ことばや数値，あるいは図等を駆使して伝承することができる記録であるといわれます。端的にいうと，技能は個々人が身に付けている技であり，技術はことば等を通して他人に伝えることができる客観的な記録であるということができるのです。水泳を例にして，技術と技能の違いをもう少し詳しく見てみたいと思います。

　水泳では，手や足をむやみに速く動かしても，体を前進させるための大きな推進力にはならないといわれます。体を前進させるための効率よい推進力を得るためには，「水をつかむ」という手足の動かし方が大切だというのです。よく水泳のコーチは，選手に「水がつかめていないぞ，もっと水をつかんで泳げ」と声をかけるのだそうです。熟練したベテランの水泳選手には「水をつかむ」ということがどのようなことを意味しているかよく分かるのですが，まだ十分に経験を積んでいない未熟な水泳選手には通じないことばなので，この表現は技術のことばというよりも技能のことばということができるのではないかと思います。

明治のはじめに武田泰信が著した『練水要訣』に，「水をつかむ」の意味を解説した優れた記述があります。この書の内容を要訳すると「水の中に杖を入れて水をかくときに，おそ過ぎれば手ごたえがなく，速過ぎればシュッという音がしてやはり手ごたえがない。ちょうどよい速さで動かすと，ブルブルと杖に手ごたえがある。こうなるような速さで手足を動かせるように修業するのが大切である」という主旨になります。この解説は，「水をつかむ」という技能のことばを，誰にでも「なるほど」と納得させることのできる技術のことばとして表現した興味深いものです。これは，技能のことばを技術のことばに置き換えて万人に伝達可能にしたものと捉えることができるのではないでしょうか。「水をつかむ」という状況は，流体力学的に見ても理にかなったものだといわれています。

　しかしながら，「水をつかむ」という表現の裏に隠された情報を理解したとしても，それだけでは技術を技能として身に付けたことにはなりません。実際の水泳を通して手に水の抵抗を「ブルブル」とほどよく感じる経験を重ねたとき，はじめて技術を技能として体得したことになるのだと思います。

　私たちは，先達の残した教育実践を読んで，そこから指導技術を学ぶとともに，学んだ指導技術を実践の場で活用して自身の生きた技能として獲得するよう努力する必要があります。また逆に，自らの実践によって生み出した指導法等の技能を，他の人に伝達可能な技術として伝える責務も担っていることを忘れてはなりません。

8　小・中学校に在籍する障害児への対応

　さて，これまで自立活動領域に関する基本的な諸問題を取り上げ，できるだけ分かりやすく解説してきましたが，この自立活動は，特別支援学校の教育課程に位置付けられた領域であり，小・中学校の特別支援学級や通常の学級に在籍している障害児を対象として規定されているものではありません。

　しかしながら，学校教育法施行規則や小・中学校の学習指導要領の規定から，

児童生徒の実態によって必要な場合には，特別支援学級のみならず，通常の学級に在籍する障害児に対しても，特別支援学校の教育課程の基準を取り入れた指導計画を作成してもいいことになっています。これらの規定に関して以下に示してみます。まず，学校教育法施行規則には，以下のような規定が設けられています。

> 第138条　小学校若しくは中学校又は中等教育学校の前期課程における特別支援学級に係る教育課程については，特に必要がある場合は，第50条第1項，第51条及び第52条の規定並びに第72条から第74条までの規定にかかわらず，特別の教育課程によることができる。
>
> 第140条　小学校若しくは中学校又は中等教育学校の前期課程において，次の各号のいずれかに該当する児童又は生徒（特別支援学級の児童及び生徒を除く。）のうち当該障害に応じた特別の指導を行う必要があるものを教育する場合には，文部科学大臣が別に定めるところにより，第50条第1項，第51条及び第52条の規定並びに第72条から第74条までの規定にかかわらず，特別の教育課程によることができる。
> 　一　言語障害者
> 　二　自閉症者
> 　三　情緒障害者
> 　四　弱視者
> 　五　難聴者
> 　六　学習障害者
> 　七　注意欠陥多動性障害者
> 　八　その他障害のある者で，この条の規定により特別の教育課程による教育を行うことが適当なもの
>
> 第141条　前条の規定により特別の教育課程による場合においては，校長は，児童又は生徒が，当該小学校，中学校又は中等教育学校の設置者の定めるところにより他の小学校，中学校，中等教育学校の前期課程又は特別支援学校の小学部若しくは中学部において受けた授業を，当該小学校若しくは中学校又は中等教育学校の前期課程において受けた当該特別の教育課程に

I　分かりやすい「自立活動」領域の捉え方

　　　　係る授業とみなすことができる。

　この規定を受けて，小学校や中学校の学習指導要領には，指導計画の作成に当たって配慮すべき事項が規定されています。小学校学習指導要領を例にして，以下にそれを示してみます。

　　　　　　　小学校学習指導要領（平成20年3月告示）
　　　第1章　総則　第4　指導計画の作成に当たって配慮すべき事項
　　　　　2-(7)　障害のある児童などについては，特別支援学校等の助言又は援助を活用しつつ，例えば指導についての計画又は家庭や医療，福祉等の業務を行う関係機関と連携した支援のための計画を個別に作成することなどにより，個々の児童の障害の状態等に応じた指導内容や指導方法の工夫を計画的，組織的に行うこと。特に，特別支援学級又は通級による指導については，教師間の連携に努め，効果的な指導を行うこと。
　　　（中学校学習指導要領の第1章　総則　第4の2-(8)には，同様の趣旨の規定がある）

　小・中学校の特別支援学級に在籍する児童生徒や，通級による指導を受けている児童生徒の場合は，これらの規定を取り入れた特別な指導計画を立てた取り組みが従来から行われてきました。平成19（2007）年度からの特別支援教育への移行により，小・中学校の通常の学級においてもこの規定を受けて，特別支援学校のセンター的機能を活用したり特別支援学級や通級指導教室と連携したりして，具体的な取り組みが行われてきています。自立活動的指導を中心にして，通常の学級に在籍する児童生徒に対して具体的にどのような取り組みを行えばよいかに関しては，項を改めて示すことにします（「第4　通常の学級に在籍する障害児に対する自立活動の実践」）。

第3　指導の充実に向けた個別の指導計画

1　大切な「指導に役立つ」という視点

　特別支援学校においては，自立活動の指導計画や重複障害児童生徒の指導計画は，従前から個別の指導計画の作成が学習指導要領に位置付けられていましたので，今日までこの作成に努力がはらわれてきました。平成 21（2009）年の 3月に告示された特別支援学校の小学部・中学部学習指導要領においては，自立活動の指導計画や重複障害児童生徒の指導計画に加えて，すべての教科においても個別の指導計画の作成が学習指導要領に位置付けられましたので，これに対応した個別の指導計画の作成に力が注がれています。個別の指導計画は，教育実践に直接役立つものになることが期待されますが，現実には，教科も含めて膨大な個別の指導計画を作成しなければならないので，形式が先行して形骸化するのではないかという懸念も聞かれます。

　そもそも個別の指導計画が大切だとされるゆえんは，一人一人の実態を的確に把握してそこから最も必要とされる指導目標・内容・方法を吟味し，効果的な指導を展開することができるようにする点にあります。つまり，個別の指導計画の作成そのものに意味があるわけではなく，作成された個別の指導計画によって効果的な指導が展開されるところに意味があるのです。したがって，作成にあまりにも多くの精力が費やされ，作成したこと自体に満足してしまうという状況は避けねばなりません。

　ある特別支援学校においては，児童生徒の年間の指導計画のすべてを個別の指導計画を綿密に立てて対応するという目標を掲げて，その作成にかなりの精力を注ぎ込んでいると聞きます。もちろんそうした努力に対しては敬意を表しますが，一方において，はたしてそれらの個別の指導計画が，「効果的な指導

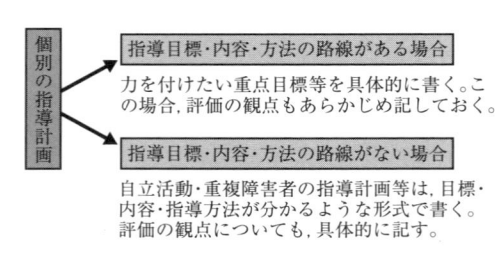

Ⅰ　分かりやすい「自立活動」領域の捉え方

```
                  ┌─────────────────────────────────┐
                  │ 指導目標・内容・方法の路線がある場合 │
      個         ↗└─────────────────────────────────┘
      別          力を付けたい重点目標等を具体的に書く。こ
      の          の場合，評価の観点もあらかじめ記しておく。
      指
      導         ┌─────────────────────────────────┐
      計         │ 指導目標・内容・方法の路線がない場合 │
      画        ↘└─────────────────────────────────┘
                  自立活動・重複障害者の指導計画等は，目標・
                  内容・指導方法が分かるような形式で書く。
                  評価の観点についても，具体的に記す。
```

　　　　　　図 3-1　個別の指導計画の二つの路線

の展開」という本来の役割を果たしているかどうか，点検してみなければならないとも思うのです。

　筆者は，個別の指導計画を，図 3-1 に示すように二つの路線に分けて検討することを提唱しています。

　その一つは，各教科のように学習指導要領に指導すべき目標・内容等が明確に示されていて，それに基づいて教科書が整備されているような「指導目標・内容・方法の路線がある場合」です。こういう場合は，1 から 10 までのすべてにわたって年間の個別の指導計画（指導目標や指導内容・方法）を書く必要はないと思うのです。その年に，どこに力を入れた指導をしたらいいか等，重点目標やその目標を達成するための重点的な指導内容を具体的にいくつか書く程度でいいのではないでしょうか。もちろんこの場合も，評価の観点をあらかじめ記しておくことが大切です。

　もう一つは，自立活動に関する指導や重複障害児に対する指導のように，一人一人の実態に応じて指導目標や指導内容・方法を吟味して綿密な個別の指導計画を作成しなければならないような「指導目標・内容・方法の路線のない場合」です。この場合は，作成する時点で把握している児童生徒一人一人の実態に基づいて，実際に指導すべき目標・内容・方法をできるだけ具体的に記述した個別の指導計画を作成する必要があります。

　いずれの場合においても，個別の指導計画を作成して具体的な指導を行う場合は，図 3-2 に示すような「PDCA サイクル」（plan-do-check-act cycle）を重

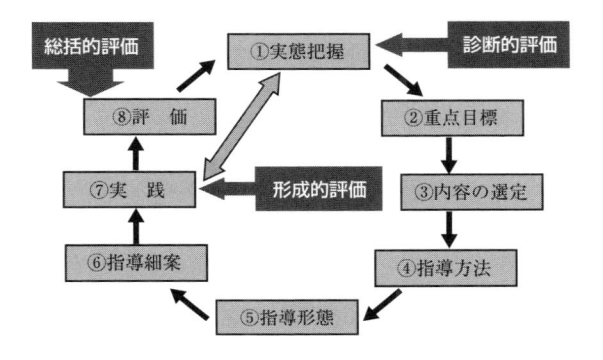

図 3-2 個別の指導計画の PDCA サイクル
(plan-do-check-act cycle)

視する必要があります。また，実態把握は，時として教育的な「診断的評価」とも見られますが，実践は即実態把握の深化にもつながりますので，最初の段階での実態把握（診断的評価）に基づいて，具体的な実践を行いながら実態把握をさらに確実なものにしていく必要があります。図 3-2 に示した PDCA サイクルの中では，「診断的評価」以外に，「形成的評価」「総括的評価」を示しましたが，これらの評価が実態把握の深化につながり，さらに充実した指導実践へと結びついていくように努力することが望まれています。

　個別の指導計画に基づく教育実践は，教育現場でようやく緒についた段階ですから，今一番大切なことは，形式を整えることではなく，どのような個別の指導計画なら本当に役立つものになるかという点を様々な試行を通して検証することではないかと思うのです。あまり多くを望まず，その年における A 君の中心的な指導目標を取り上げ，その目標に迫る個別の指導計画を丹念に検討して作成し実践する，実践した成果がどうだったかを評価して，次の年はその反省の上に立ってさらに実践に役立つ個別の指導計画に修正するという取り組みが必要なのです。

Ⅰ　分かりやすい「自立活動」領域の捉え方

2　多様な側面からの実態把握の必要性

　一人一人の実態に即した指導を行うというのが自立活動の指導の基本ですから，実態把握は非常に大切です。PDCA サイクルのところでも述べましたように，実態把握は指導を開始する出発点ですから，できるだけ具体的で明確な実態を把握することは大切ですが，満足のゆく実態把握が行われなければ指導を開始できないということではありません。指導を開始する時点で捉えた実態に基づいて目標や内容を練り，具体的な指導を展開しながら実態把握の深化を図っていくという，「実践即実態把握の深化」という関係を大切にしなければならないと思うのです。こうした関係を大切にするという基本を押さえつつ，実態把握の方法を観点別にもう少し具体的に記してみたいと思います。

(1)　行動観察による実態把握

　児童生徒の日頃の行動観察や指導を行う過程での様子等を観察して実態把握を深化させていく方法です。この方法には，日常生活や指導の場面で偶発的に出くわした出来事を記録して実態把握の深化に活用するという方法や，あらかじめ観点を決めたりチェック項目を用意したりして観察する方法，一定の条件を設けた活動場面を設定して行動を観察する実験的観察の方法など多様な手法があります。また，児童生徒の活動の中に入り込んで観察する「参加型観察」や児童生徒を教室や運動場の片隅から客観的視点で観察する「非参加型観察」等もあります。

　教育現場においては，教師が具体的な指導場面を通して観察した事柄を実態把握の深化に活用することが多いと思いますが，児童生徒の気になる行動等がある場合には，行動観察の観点を明確にして，気になる行動の出現回数をカウントしたり，どのような場面で気になる行動が出現するかを記録したりして行動理解の深化に役立てることが大切です。

　また行動観察は，担任の目だけでなく，担任以外の教員の目を通した場合，異なった観点からの行動の観察が得られることも多いので，多面的な目で見た

36

行動観察結果を収集することにも心がけることが大切です。

(2) 検査による実態把握

　標準化された検査を通して，客観的なデータを収集し，障害の状態及び発達段階や特性を明らかにする方法で，知能検査，発達検査，性格検査，適性検査，社会生活能力検査，学力検査等があります。

　身長や体重などの測定とは異なり，知能や発達段階あるいは性格や適性等のように，直接測定することができないものを心理学的方法論に基づいて測定する検査を心理検査といいます。心理検査には，質問紙法を通して実施する検査と，直接質問したり道具等で反応を見たりしながら実施する検査があります。

　検査法の特徴は，結果が数値で表されることと標準化されていることにありますが，検査結果を活用する場合は単に結果の数値のみにこだわるのではなく，検査の下位項目の一つ一つを十分に分析することと，検査の課題に取り組む過程でどのような行動が見られたのかを記録・分析すること等を通して具体的な指導の手がかりを得ることが大切です。なお，検査の実施に当たっては，何を明らかにしたいかという検査の目的を明確にしておくことが重要です。

(3) 面接による実態把握の深化

　保護者や本人との面接により，実態把握をより深化させる方法です。特に，保護者を対象とした面接調査は，非常に大切です。

　保護者との面接において明らかにしたい点は，児童生徒の生育歴，医療機関等における情報の提供，家庭での児童生徒の様子，子育てにおいて大切にしている点，将来に対する親の希望，学校に対する要望などです。また，個人情報の保護という観点から，学校における個人情報の取り扱い方等に対する理解を得ておくのも，この面接における大切な視点だと思われます。

　また，児童生徒本人とも面接して，現在困っていることやどのような点を頑ばりたいと思っているか，将来に対してどのような夢や目標などを持っているかなどを聞いて指導の参考にするとともに，じっくりと話し合う過程において，

やる気を喚起することも大切です。

(4) チェックリストの活用による実態把握の構造化

　行動観察や諸検査，あるいは面接などによって明らかにした実態を，本書の「II　各分野・領域ごとの行動要素とその活用」の「第3　各分野・領域ごとの5段階行動要素」（74～120ページ）に示すようなチェックリストによってチェックし，実態を構造的に把握して，その実態に基づいてどのような目標のもとに何を指導すればよいかの筋道を見いだすことが大切です。

　行動要素表の活用の具体的方法に関しては，本書の第II編の「第2　行動要素を活用した指導の事例」（61～73ページ）に示しましたので，ご覧ください。

3　具体的で達成可能な目標・内容の設定

　個別の指導計画の作成において非常に大切なのは，実態把握に基づいた短期目標・内容の設定ですが，この場合の短期の目標・内容は，見通しを立てて達成できる目標・内容に絞り込むことが重要です。さもないと，短期の指導期間が過ぎた段階で繰り返し同じ目標・内容を立てることになり，個別の指導計画を作成した意味が薄れてしまうからです。

　「具体的で達成可能な短期目標の設定」について示した図3-3を見てください。「友達と仲良くできる」といった目標は，範囲もたいへん広くレベルも様々なので，達成できたかどうかの評価は非常に恣意的になる可能性が高いといえます。また，「一人でご飯を食べる」という目標は，前者の目標に比べると範囲は限定されますが，手づかみで食べるのか，スプーンで食べるのか，箸で食べるのかといった点があいまいですし，汁物か固形物かどうかといった点も明確ではありません。そこで，この児童の場合は，手づかみでご飯を食べることはすでに身に付いており，スプーンもある程度持つことができるが，スプーンでご飯をすくい上げて口に運ぶことがまだできないとすると，その点が「発達段階からみて，学習による成果が期待できる具体的課題」ということに

第3 指導の充実に向けた個別の指導計画

友達と仲良くできる

明確に評価できる目標

対象児の発達段階

スプーンでご飯をすくい上げて食べる

一番内側の円は発達段階からみて少しの努力で成果が期待。その次の少し大きな円は一番内側の円の成果が上がった段階で次の目標となるべき課題。外の円は現段階では達成が難しい目標。

発達段階からみて，学習による成果が期待できる具体的課題

一人でご飯を食べる

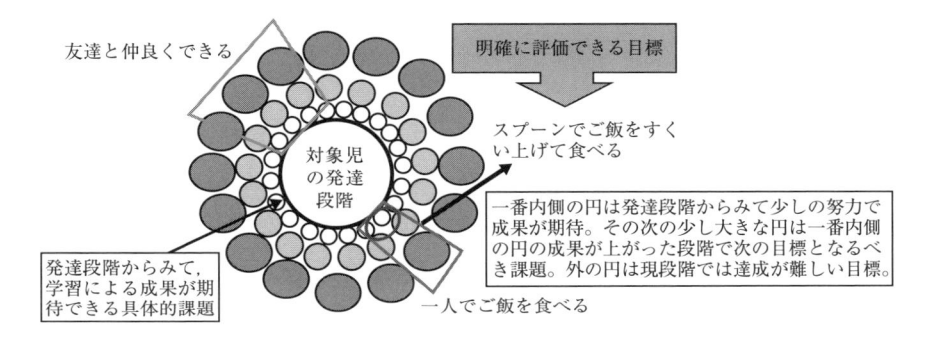

図3-3　具体的で達成可能な短期目標の設定

なります。

　このように，現在の児童生徒の発達段階から判断して，ちょっと努力したり指導の工夫をしたりすればできそうな点に絞って短期目標・内容を設定するという視点が重要です。このように教員と児童生徒双方が納得のゆく短期の目標・内容に絞り込むことができるかどうかが，個別の指導計画を成功させるか否かの大きな鍵を握っているように思われます。

　目標の設定でもう一つ大切な点は，短期目標と長期目標の関係を構造的に捉えておくことです。短期目標と長期目標との構造的把握としては，**図3-4**に示すような関係が考えられます。

　「①短期発展型目標設定」というのは，「短期目標①」「短期目標②」「短期目標③」……との関係が発達的な階層をなしている場合です。また「短期並列組み合わせ型目標設定」は，「短期目標1」「短期目標2」「短期目標3」……等が並列的で，それらの集合体として長期目標が存在するような場合です。さらに「③短期発展型・短期並列組み合わせ型目標設定」は，「短期発展型」と「短期並列組み合わせ型」の両者の性格を備えたものです。いずれにしても，短期目標と長期目標とを構造的に捉えて目標を設定しなければ，特に長期目標は「絵に描いた餅」で，意味をなさないものとなる可能性が高い点に留意しなければなりません。

39

Ⅰ 分かりやすい「自立活動」領域の捉え方

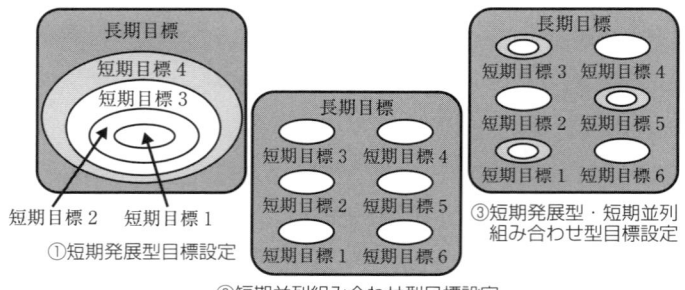

図3-4 短期目標と長期目標との関係の構造化

　また，学習指導要領には，具体的な指導内容を設定する際の配慮点として，以下の4点が示されていますが，これも指導目標・内容を考える上で大切な視点ですから，参考にしなければならないと思います。

① 児童生徒が興味を持って主体的に取り組み，成就感を味わうとともに自己を肯定的に捉えることができるような指導目標・内容を取り上げること。
② 児童生徒が，障害による学習上又は生活上の困難を改善・克服しようとする意欲を高めることができるような指導目標・内容を重点的に取り上げること。
③ 個々の児童生徒の発達の進んでいる側面を更に伸ばすことによって，遅れている側面を補うことができるような指導目標・内容も取り上げること。
④ 個々の児童生徒が，活動しやすいように自ら環境を整えたり，必要に応じて周囲の人に支援を求めたりすることができるような指導目標・内容も計画的に取り上げること。

4　核になる経験の重視

　一般的傾向として，障害児は非常に経験領域が狭いといわれており，その対策として，あらゆる機会を捉えて経験を広める配慮の必要性が指摘されます。確かに経験領域を広げることは大切ですが，ただむやみに経験させればそれで

いいというものではないように思います。経験が大切だといわれるゆえんは，経験したことが次の経験や学習に生かされるからです。経験したことが個々バラバラで，前の経験とのつながりや，すでに持っている概念の枠組みの中に組み入れられないような経験は，いくら量を増やしても役立つとはいえません。

　東京の下町にある幼稚園での出来事です。何人かの5歳児が砂場で遊んでいるときのこと，先生が「みんなで山をつくらない」と呼びかけました。そして「山を見たことがある人いるかな」と問いかけました。何人かが手をあげたので，先生は「○○ちゃん，どんな山を見たの」と聞いたところ，「きのうお母さんと見たよ，八百屋さんで見たよ」と答えたというのです。この子は，「ひとやまいくら」と書かれた野菜の山を見たのです。先生はびっくりして，この子たちに本物の山を見る経験をさせなければと強く感じたというのです。

　また，小学校の特別支援学級では，魚が工場でつくられると思っていた児童が何人もいたという話や，だんごのなる木があると信じている児童がいたという話を聞きます。

　先にも述べましたように，経験が大切だといわれるのは，経験したことが概念形成や次に来る経験や学習に生かされるからです。経験したことが個々バラバラにあって，次の経験や概念形成に役立たなければ，いくら多くの経験をしてもそれはあまり大きな力にならないのです。このことは，障害があるか否かにかかわらず大切にしなければならない点で，筆者が経験の量よりも質を大切にしなければならないと主張しているゆえんです。

　では一体「経験の質」とは何を意味するのでしょうか。先に示した「魚が工場でつくられる」というような間違った概念やイメージを持っている子どもに対しては，海で泳いでいる魚を実際に見せたり魚釣りの経験をさせたりして，捕った魚をさばいてスーパーに商品として並んでいる状態にするという一連の経験をさせることが大切です。このような経験をした児童は，魚は工場でつくられるというような誤った概念を払拭することができるのではないかと思います。また，木になる果物とお菓子などの違いも，果物の仲間とお菓子の仲間という具体的な仲間分けなどの分類操作の学習を通して概念を明確にする活動が

41

Ⅰ　分かりやすい「自立活動」領域の捉え方

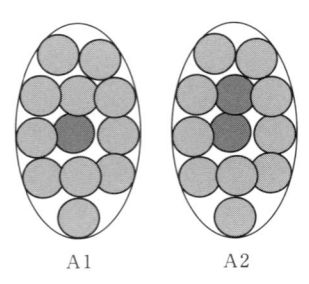

A1　　A2

A型　類似するたくさんの事柄
の中での代表的な経験

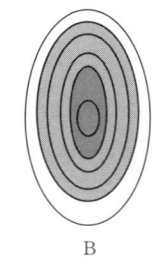

B

B型　基本的な見方・考え方
の枠組みづくり

図3-5　核になる経験の模式図

大切です。果物やお菓子，一つ一つの経験をどんなにたくさん積み重ねても，それだけでは概念形成には至らない場合が往々にしてあることを認識しなければならないと思うのです。

　このように，質の高い本物の経験をすることによって，他の学習にもそれがプラスに働くような経験を，「核になる経験」と呼びます。

　この核になる経験や学習には，図3-5に示すような二つのタイプがあるように思います。その一つは，「A型」に示すような核になる経験です。つまり，類似するたくさんの事柄の中で，中核的で代表的な経験や学習を一つ（A型の①）あるいは複数（A型の②）行うことによって，他の経験や学習はさほど丁寧に行わなくても事足りるというタイプです。このタイプにおいては，一つないし二つの経験で概念の枠組みをつくることのできる中核的な課題をどのようにして選定するかが重要な鍵となります。

　二つめは，「B型」のタイプです。このタイプは，中核的な経験や学習を行うことによって基本的な見方・考え方の枠組みができ，以後の経験や学習がこの枠組みの中に位置付けられて，徐々に概念の枠組みが強固になっていくようなものを意味しています。重複障害児に対して，よく弁別学習や仲間分け学習を行いますが，こうした学習は，概念の枠組みをつくる学習であり，このB型のタイプに属するものといえるでしょう。

5　個別の指導計画と具体的な指導の場

　自立活動の指導は，綿密な個別の指導計画を作成して具体的な指導を行うわけですが，この個別の指導計画に基づく指導の場は，必ずしも「一対一の指導」の場を設けて行うことを意味するものではありません。もちろん，肢体不自由児に対する移乗動作の指導や盲児の歩行指導，聴覚障害児に対する初期の言語指導など，個別指導の場面を設定して行わなければ効果の上がりにくい内容も多く見られますが，一方においては，グループによる意見交換を通して自己の障害を理解させる活動や，遊びの中での振る舞い方やルールを身に付けさせる活動等は，数人のグループで行う指導の方が効果的な内容も見られます。

　どのような場面を設定して指導を行えばよいかは，児童生徒の実態をはじめ，指導内容や指導体制等を考慮して具体的に設定していくことになりますが，個別の指導場面を設定するにせよグループの指導場面を設定するにせよ，個別の指導計画で示されている指導目標や指導の重点的内容に留意した対応が求められるのです。

6　学校における教育計画全体と個別の指導計画との関係の明確化

　教育実践に役立つものにするため，限定された重点目標に限って指導内容・方法を深く吟味して個別の指導計画を作成するのも一方法ではないかという提案を「1　大切な『指導に役立つ』という視点」（33ページ）において述べましたが，この場合忘れてはならない点は，重点目標に限って作成された個別の指導計画が，その児童又は生徒の年間の学校における教育計画全体（教育課程）の中でどのような位置付けにあるかを明確にしなければならないという点です。この学校における教育計画全体（教育課程）が示されていない場合，学校において全体としてどのような教育活動が展開されていて，重点目標の達成のために立てられている個別の指導計画が教育計画全体（教育課程）の中でどのような位置を占めているかが明確にならないからです。特に，研究会等で教育実践

43

Ⅰ 分かりやすい「自立活動」領域の捉え方

の情報を交換する場合，単に部分的な個別の指導計画のみを提示するのでなく，学校の教育計画全体（教育課程）の中でその重点目標として取り上げた個別の指導計画に基づく指導がどのような位置を占めているかを明確にすることが大切です。重複障害児童生徒の場合は，一人一人の年間の教育計画が大きく異なりますので，特にこの点に留意しなければならないと思います。

7 個別の教育支援計画との関係

また，これからの特別支援教育下においては，個別の教育支援計画を策定して，学校教育のみならず，医療・福祉・労働，あるいは地域の資源を有効に活用して，トータルに児童生徒の教育的支援をどのように行っていくかが大切な課題となります。個別の指導計画は，この個別の教育支援計画とも関連性を保って作成されなければなりません。この場合，個別の教育支援計画と教育課程及び個別の指導計画等は，図 3-6 に示すような関係になるのではないかと思います。

個別の教育支援計画を策定するに当たっては，当該学校以外の関係諸機関や専門家とどのような連携体制を組むかという視点が重要になってきます。この

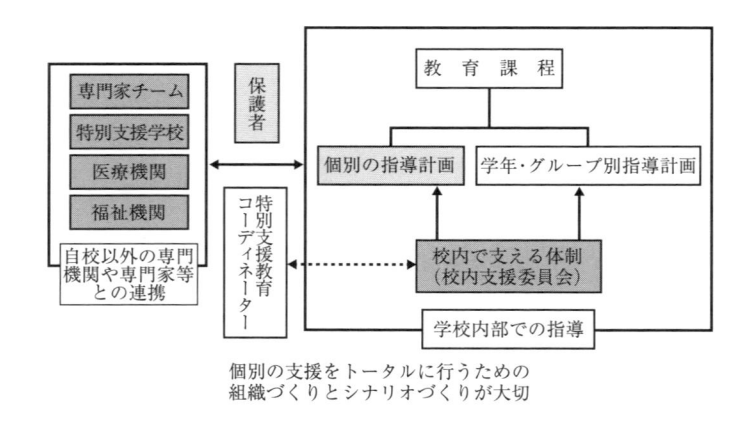

図 3-6 個別の教育支援計画と個別の指導計画との関係

44

場合，支援が必要な児童生徒について，まず学校の中でどのような対応ができるか，学校以外の専門機関や専門家からどのような支援を受けることが可能か等を検討して，一人一人についてトータルな支援体制を明らかにしていく必要があります。端的にいうと，個別の教育支援計画を作成する目的は「学校の内外を問わず個別の支援をトータルに行うための組織づくりとシナリオづくりを行うところにある」ということができるのではないかと思います。

なお，従来の学校教育は，当該学校における教育の諸課題は，当該学校の中で解決すべきだという考え方が大勢を占めていたように思われますが，今後において必要な場合は，当該学校以外の専門機関や専門家の力を借りることは，個々の児童生徒の教育的支援を充実させるために非常に重要だ，という積極的な考え方で対応していく必要があると思います。また，外部の専門機関や専門家との連携による支援は，個別の指導計画の上にも反映されることが求められます。

8　大切な保護者との連携

複雑化した現代社会において，児童生徒の健全な発達を担っていくためには，学校と保護者との連携がますます重要となってきています。特に個別の教育支援計画は，学校以外における教育力をも動員して児童生徒の教育的支援体制を構築しようとするものですから，保護者との綿密な連携を保ち，単に学校の指導方針等の了解を得るだけでなく，学校側と保護者側が情報を共有するという認識が大切です。この個別の教育支援計画に関して，紙面の都合でこの本では詳細を記述することができませんが，詳しく知りたい方は，『個別の教育支援計画の作成と実践』（教育出版，2005）をご覧ください。

また，個別の教育支援計画にはプライバシーに関わる情報もかなり含まれますので，この点に細心の注意を払い，支援を依頼する機関や専門家とのやりとりの際にどこまでの情報を共有できるかのコンセンサスを保護者との間で図っておくことも大切です。このコンセンサスの方法に関しては，各学校で工夫し

て対応しなければなりません。

　また当然のことながら，個別の教育支援計画は，個別の指導計画との関連も深いので，保護者との対応の際には，個別の教育支援計画とともに個別の指導計画についても十分に話し合いを行うことが大切です。この際，保護者の要望に真摯に耳を傾けるとともに，学校側の意向を理解してもらうための説明を行い，相互の意思疎通を図っておくことがきわめて重要です。こうした保護者との共通理解の機会は，年に何回か定期的に，あるいは必要に応じて行っていくことが求められます。

　なお，保護者は，児童生徒本人のミニセンター的役割を果たす存在です。児童生徒に何らかの問題が生じた場合，保護者は様々な角度から情報を集めて，最も適切な方法で対処するべく努力を惜しみません。こうした対応は，保護者が健在な限り続きます。この保護者のミニセンター的存在を認めた上で，学校との協力関係を結ぶ必要があるように思います。

9　チームアプローチの重要性

　自立活動に関するある研究会において，個別の指導計画は，その作成過程にも大きな意義があるのではないかという点が指摘されました。従来と同じように，担任教員一人で個別の指導計画を作成するのではなく，数人の教員でチームを組んだり，ときには教員以外の専門家や保護者にも加わってもらったりして一人の児童生徒の重点目標をどこに設定すればよいか，将来の生活をも見通して今何を重視した指導が必要かなどを検討することは非常に大きな意義があるというのです。こうした検討過程を通して，教員間の共通理解も生まれるし，どのような観点で評価すればよいかといった課題解決にも迫ることができるのは確かでしょう。

　この場合の検討チームには，いつもの教員仲間のみならず，少し異色の人に加わってもらうと，緊張感が生まれ検討が安易に流されるのを防ぐという意見も出されました。もちろん教員以外の医療関係や心理関係の専門家に加わって

もらえれば，検討の裾野を広げることができ，なお一層いいのではないでしょうか。個別の指導計画は，こうしたダイナミックな教育的取り組みを推進する突破口としても重要な意味を持っているといえます。

また，保護者との関わりは，これまで多くの場合，①子どものこれまでの成長の様子や教育に関する要望を聞く，②作成した個別の指導計画について説明するという二つの側面が中心でした。しかし，保護者はそれで満足しているわけではなく，個別の指導計画の作成に何らかの形で加わりたいと考えている方もかなり見られますので，この点を尊重した取り組みが求められています。今後は，個別の指導計画作成に保護者の参加をどのような形で具体化していくかの検討が大切だと思われます。

第4 通常の学級に在籍する障害児に対する自立活動の実践

1 基本的な考え方

特別支援学校に在籍している児童生徒については，学習指導要領上で「自立活動」の領域が設定されており，長年その実践が積み重ねられてきています。また，「第2 自立活動の位置付けと構造」の「8 小・中学校に在籍する障害児への対応」(30ページ) において述べましたように，小・中学校に在籍している児童生徒においても，必要な場合には，「自立活動」領域の指導目標・内容・方法を参考とした特別な指導計画を作成して取り組んでよいこととなっています。従来からこうした特例措置を受けて，小・中学校の特別支援学級や通級指導教室においては，「自立活動」に関する指導の実践が行われてきており，大きな成果を収めています。

そこでここでは，今後新たな展開が予想される通常の学級に在籍する障害児

に対する自立活動の指導に視点を当てて，実践の基本的考え方を解説してみたいと思います。

　通常の学級に在籍する児童生徒の中でも，通級指導の対象となっている児童生徒の場合は，通級指導教室という特別な場において，必要に応じて自立活動の指導が行われることになりますが，こうした特別な場における指導の機会が期待できない児童生徒の場合に，どのような考え方のもとに自立活動的指導を導入したらいいかの筋道を考えてみます。

2　指導の対象となる児童生徒

　小学校や中学校の中には特別支援学級がなかったり，あるいは他の学校に設置されている通級指導教室に通って特別な指導を受ける体制のない学校も少なくありません。また，教科の学習にはそれほど問題が感じられないので，特別な場での指導を考えるほどではないが，「クラスに親しい友だちが全く見当たらず，休み時間や昼休みなどにおいて誰かと話をしているところを見たことがない児童生徒」「何度注意しても順番を守って並んだり，遊んだりできない児童生徒」「授業中に長時間自分の席に着いて学習することが難しい児童生徒」「興奮すると，前後の見境なく暴れる児童生徒」などがいます。こうした児童生徒に対しては，担任による日常的な指導や働きかけが行われますが，それがあまり功を奏さない場合もあり，特別な指導の必要性を痛感することが往々にして見られます。

　このような場合に，問題となる行動を解消するためのスキルを身に付けさせるための指導の場を設けるのが有効です。その一つの場が，通常の学級に在籍している児童生徒に対する「自立活動」的指導ですが，こうした指導は，特別支援学校や近隣の小・中学校に設置されている特別支援学級からの支援を受けるなどして行われることになります。この場合，次のような段階を踏んで，「自立活動」的指導で対応すべきかどうかを検討することが大切です。

3 特別な支援を行う際の手続き

　通常の学級に在籍し，通級による指導等を受けていない児童生徒であって，なおかつ担任等が特別な指導の必要性を感じている場合には，手続きを踏んで，対応を検討するのが適当ではないかと思われます。

　学校は教育を提供する組織体ですから，必要な場合には，どのような手続きで特別な支援を提供していくかの筋道を明確にしておくことが大切です。その筋道の概要を以下に示してみます（図4-1 参照）。

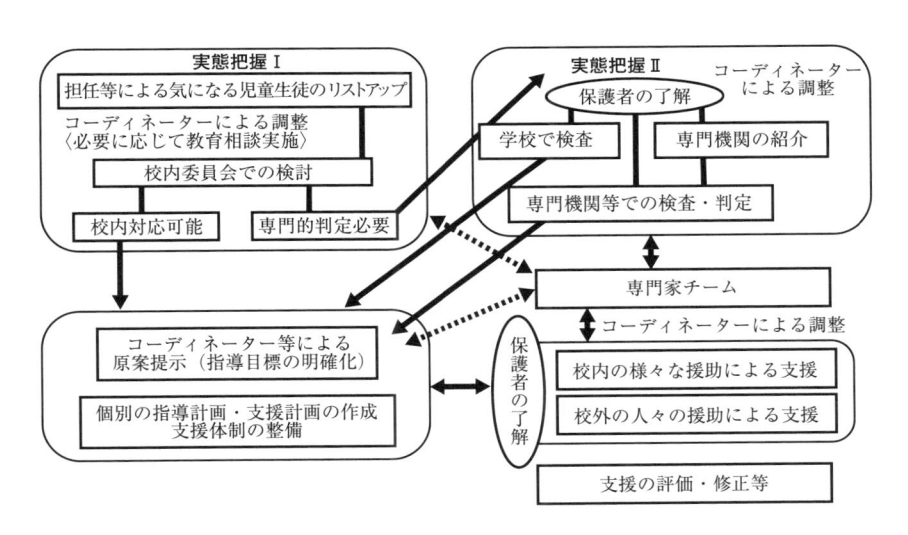

図4-1　児童生徒の実態把握から支援体制への筋道

(1) まずは担任の判断による要請

　担任は，児童生徒の日常的な指導や観察を通して，特別な対応が必要だと判断される場合，特別支援教育コーディネーター等との相談の上で，問題点を簡単に整理した報告書を校内委員会（特別支援教育に関して検討が行われる会議をここでは「校内委員会」とする）に提出します。この報告書には，日常的な授業場面や学校生活の中で気になる点とそれに対するこれまでの対応や問題点など

が簡潔に記載されます。

(2) 実態把握

　しかし，上記(1)の報告書の内容だけでは十分な状況の把握等ができない場合が少なくありません。そのような場合には，必要に応じて教育相談や実態把握を目的としたケース会議を実施することが大切です。教育相談やケース会議は，学級担任・コーディネーター・教育相談係・管理職等が対応することになりますが，必要な場合には，保護者の出席も検討されなければなりません。会議の目的は，児童生徒の生育歴・家庭での生活の状況・これまでの特筆すべきトピックス・専門機関等での検査や診断状況等を保護者から提供してもらうとともに，学校での気になる行動や学習上の課題を明らかにして，それらを整理して児童の実態を大筋で把握するところにあります。保護者の出席を求める場合は，保護者に大きなストレスやプレッシャーを与えないように細心の注意を払う必要があります。特に，家庭における教育の問題点をずけずけと指摘するような対応は厳に慎まなければなりません。ここまでの実態把握の活動を「実態把握Ⅰ」としたいと思います。

　この「実態把握Ⅰ」によって，児童生徒の障害の有無や障害の分野（視覚障害・聴覚障害・知的障害・肢体不自由・病弱・言語障害・情緒障害・発達障害等）の大筋の把握が可能です。この「実態把握Ⅰ」を踏まえて，必要に応じて校内委員会（ケース会議で対応する場合もある）が開催されますが，この会議の目的は，「実態把握Ⅰ」を踏まえて具体的な支援策を検討することです。

　しかしながら，この「実態把握Ⅰ」だけで支援策を検討するのは十分でなく，もう少し詳しい診断や検査が求められる場合も少なくありません。校内委員会（またはケース会議）においてさらなる詳細な診断や検査の必要性が認められた場合には，第2段階の実態把握（実態把握Ⅱ）の手続きに入ることになります。「実態把握Ⅱ」は，保護者の了解のもとに医師や心理判定の専門家等による詳細な診断や検査を行う段階です。この場合，知能検査や性格検査等は校内の教員で対応可能な場合もありますが，多くは校外の専門家や専門機関に依頼する

ことになるのではないかと思われます。

　なお，日々の教育実践は実態把握を深化させる絶好の機会でもあるので，この点に関する認識も大切です。

(3) 「校内委員会」等での検討

　「実態把握Ⅰ」ないしは「実態把握Ⅱ」を踏まえて，校内委員会においては，事例に対する特別支援の対応策が検討されることになります。この場合，担任に対するアドバイス程度で解決する事例もありますが，多くの事例は，特別な指導場面が必要な場合や校外の専門家の介入による指導の必要な場合です。校内において特別な指導場面を設定して指導する場合にしろ，校外の専門家や専門機関に依頼して指導する場合にしろ，いずれの場合も保護者の了解を得た後に態勢を整えることが大切です。

　また，特別な教育的ニーズのある児童生徒の具体的支援に関して，校内の人材等で対応できる面と校外の人材等へ依頼すべき面との線引きをどのように考えるかの大筋の合意が大切です。昨今においては，特別支援学校からの巡回支援，大学生等の支援員やボランティアの力も借りて，特別な教育的ニーズのある児童生徒の支援を行う学校が見られますので，どのような点に関して校外の人材等の支援を得るのかの学校としてのコンセンサスはますます大切になってきています。こうしたコンセンサスを得た上で，校外の人材等の支援を個別的な特別の指導場面に具体的にどのように反映させていくかを考えなければなりません。

　なお，この特別な指導を，「自立活動」の指導と位置付ける場合もありますが，必ずしも「自立活動」の指導という位置付けをしなければならないというわけではありません。どのような位置付けで指導を行うかは，各学校の実情に応じて検討し実施されればよいのではないでしょうか。

(4) 保護者との連携

　学校教育を効果的に進めるためには，保護者との連携が大切な点は論をまち

ませんが、特別支援教育においては、もう一歩踏み込んだ連携を考えていかねばなりません。この場合、単に学校の方針に関して保護者の了解を得るというスタンスではなく、ある側面においては、学校側と保護者側が情報を共有したり、指導の方向性を共有したりすることが大切だという認識からの出発が重要です。こうした認識のもとに、保護者から生育歴や家庭での生活の状況等の情報を提供してもらうとともに、保護者の願い等にも傾聴して、それを踏まえた学校側と保護者側との指導への取り組みのコンセンサスをつくることが大切です。保護者からの忌憚のない意見や詳細な情報を得たり、指導への取り組みのコンセンサスを得たりするためには、学校と保護者との信頼関係が基本ですから、日ごろから保護者との信頼関係を構築するための努力が求められます。

　また、学校での教育相談の折などに保護者に参加してもらう必要がある場合は、保護者に大きなプレッシャーを感じさせないための細心の配慮が求められます。多くの教員が参加する会議に特定の保護者の参加を求めて、情報や意見を聴取したりするのは、保護者にとっては大きなプレッシャーとなりますので、保護者に意見を求める場合の場の設定には細心の配慮が必要です。

　また、個人的な情報には、他人には知られたくないと感じているプライバシーに関わる情報もかなり含まれますので、この点にも細心の注意を払い、情報を発信する際には保護者や本人との合意を形成しておくことが求められます。支援を依頼する場合や引き継ぎの際にどこまでの情報を公開できるかのコンセンサスを図っておくことも大切です。このコンセンサスの方法に関しては、各学校で工夫して対応しなければなりません。

(5) 指導目標の明確化

　さて、実態把握に基づいて特別な指導を開始する段階においては、個別の指導計画を作成することになりますが、この段階で大切なのは、短期目標と長期目標を明確にすることです。この目標設定に関しては、「第3 指導の充実に向けた個別の指導計画」の「3 具体的で達成可能な目標・内容の設定」（38ページ）において詳しく述べましたので、参照していただきたいと思います。特に、

短期目標に関しては，保護者や本人との十分な合意を得て，具体的で分かりやすい目標を掲げるとともに，何のために特別な指導を行うのかということについて共通認識を持つことが極めて大切です。

(6) 指導経過に関する情報の共有等

　指導の経過に関しては，定期的な校内委員会において報告することが大切ですが，それとともに，保護者とのコミュニケーションを図って指導経過に関する理解を得ることも大切です。また，こうした特別な指導の経過や成果を，何らかの形で全校職員に周知し，特別な指導を受けている児童生徒を温かい目で見守っていくという校内の雰囲気をつくり上げていくことも，こうした指導を成功に導く大きな力となります。

　さらに，指導経過の報告とも関連して，障害を理解するための教員に対する研修や，児童生徒に対する障害理解教育への取り組みも積極的に行っていくことが求められます。

Ⅱ

各分野・領域ごとの行動要素とその活用

第1 各分野・領域ごとの「行動要素一覧」を作成した意図と活用の方法

1 各分野・領域の構造と項目配列の考え方

　ここで示す各分野・領域ごとの行動要素の項目配列においては，学習指導要領の六つの区分とそのもとに示されている26項目を相互に関連付けて再編成し，まず八つの分野に分けてさらに各分野ごとにいくつかの領域を設け，この領域ごとに5段階の区分を設定して項目を配列しています。

　分野と領域は以下に示す通りですが，1，2，3……の付された項目は分野を表わし，1-1，1-2……等の付された項目は領域を表わしています。

1　障害の理解と心身の調整
　　1-1　自己の障害等の理解
　　1-2　障害を改善する態度と障害を克服する意欲の形成
2　探索操作
　　2-1　手や腕による探索操作
　　2-2　視覚による探索操作と視覚補助具等の活用
　　2-3　聴覚による探索操作と聴覚補助具等の活用
　　2-4　味覚・嗅覚・皮膚感覚等による探索操作
　　2-5　足と全身の皮膚による探索操作
3　行動の枠組みの形成と活用
　　3-1　モノの機能と質　　3-2　数量の概念の活用と時間的順序付け
　　3-3　空間の表象や概念の形成と活用
4　運動と姿勢
　　4-1　全身の運動と姿勢　　4-2　上肢の運動機能
　　4-3　作業時と座位における姿勢

> 5 移動とその手段
>   5-1 介添による移動　　5-2 目的単独移動
>   5-3 移動に必要な補助具の活用　　5-4 移動環境の関係的理解
> 6 日常生活基本動作
>   6-1 食事　　6-2 排泄　　6-3 着脱と着こなし
>   6-4 清潔と身繕い　　6-5 睡眠　　6-6 整理整頓
> 7 作業基本動作
>   7-1 作業の基本技能　　7-2 道具と接着材料等の活用技能
>   7-3 作業における構想と手順の見積もり　　7-4 共同作業
> 8 意思の相互伝達と社会性
>   8-1 対話　　8-2 音声・語彙・語法　　8-3 文字と符号
>   8-4 人間関係と社会性

全体で千を超える項目を示していますが，各分野・領域ごとの項目には，それぞれに固有の番号を付してあります。

さて，各分野・領域に含まれる項目は，次のような考え方を踏まえて配列することを心がけました。

> ① 自律化：依存的，他律的なものから独立的・自律的なものへの順序を踏まえる。
> ② 分化：全身的反応の行動から，次第に分化した行動への順序を踏まえる。
> ③ 複雑化：単純な行動等から複雑な行動等へ，単一要素から組み合わせ要素などへの順序を踏まえる。
> ④ 拡大・縮小化：適切な大きさで形成された枠組みを，拡大・縮小したり，行動範囲を拡大したり，不必要な部分を省略して重要な手がかりを関係付けたりする能力の育成などの順序を踏まえる。
> ⑤ 抽象化：具体的なものから抽象的なものへの順序を踏まえる。
> ⑥ 内面化：外面的な行動から内面的な判断などへの順序を踏まえる。
> ⑦ 自動化：意識的な行動等から自動的（無意識的）な行動等への順序を踏まえる。

2　5段階区分の考え方

各領域・分野ごとに含まれる項目を前述の考え方で配列するとともに，障害のない子どもの標準的な発達の段階を考慮して次の5段階の区分を取り入れました。

① 第1段階：0歳から3歳程度までで，主として模倣による感覚運動的行動を行う発達段階を想定した。
② 第2段階：4歳から6歳ごろまでで，主として各種の表象や概念を行動の枠組みとして使用できるようになる発達段階を想定した。この段階においては，主体的行動の準備は進むが，まだ依存性が強い。
③ 第3段階：7歳から9歳ごろまでで，具体的で単純な表象や概念を行動の枠組みとして活用し，分化した行動を行うようになる発達段階を想定した。この段階においては，直観的な認知から分析的な認知へと移行しはじめ，部分と全体との関係が明確になりはじめる。
④ 第4段階：10歳から14歳ごろまでで，具体的な行動の枠組みを抽象化・一般化して，主体的な行動が確立する発達段階を想定した。抽象的な思考ができる段階である。
⑤ 第5段階：15歳以降の時期で，各分野にわたって主体的行動が完成し，調和の取れた行動が自動的に自然に行われるようになる段階である。

以上のような考え方を踏まえた5段階の区分と配列に心がけましたが，厳密な発達段階の標準を調査するなどして配列したものではありませんし，また，項目の選定にも多くの過不足があると思われますので，この点を踏まえて活用していただきたいと思います。今後，実践を踏まえて行動要素を修正し，よりよいものにしていく足がかりにしていただければ幸いです。

3 「行動要素一覧」の活用の仕方

　ここで示す行動要素は，様々な活用が想定できますが，「付録CD-ROM」のエクセルデータを用いた最も一般的な活用方法を以下に示してみたいと思います。

---

①　ここに示した行動要素は，すべての児童生徒に必要な項目のみではない。ある児童生徒にとっては，最初から必要でないと判断される項目も少なくないと思われる。こうした「不必要」と判断される項目には，そのセルを少し濃いめの色で塗りつぶすなどして，対象児童生徒の行動要素としては対象外とするとよいであろう。

② 　①で「不必要」のチェックを行った項目以外については，児童生徒の行動の観察に基づいて，すでに獲得している行動要素項目をチェックして，どこまで発達や行動の改善が行われているかを知る手がかりとする。このチェックは，「チェック1」の欄に「●」印を付して行う。このチェックを「達成チェック」と呼ぶ。

③　児童生徒の実態把握や行動の観察に基づいて，改善したいと願う複数の分野・領域の行動要素項目をまずチェックし，チェックされた項目を相互に関連付けて指導の目標や内容を決定する際の参考とする。このチェックは，「チェック2」の欄に「○」印を付して行う。このチェックを「目標チェック」と呼ぶ。

---

　②の「達成チェック」に当たっては，まず，児童生徒の発達段階はどの段階かの予測をつけ，その段階の行動要素項目と実態とを比較して，到達していると思われるものをチェックしていきます。すべての分野・領域にわたって達成チェックするのは時間的な問題もあって困難だと思われる場合は，個々の児童生徒の気になる分野・領域に限定して取り組むのも一方法だと思われます。

　また，③の「目標チェック」は，次のような段階を経て行うのが適当だと思われます。

① 各行動要素には，固有の識別番号が付いているので，「このような行動を示して欲しい」あるいは「このような行動が取れるように指導したい」と願う項目を各分野・領域ごとにチェックして，それをひとまとめにして付録CD-ROMのエクセルデータから選び出す。例えば，「○ 11102　同年齢の障害のない子どもたちの中に入って遊ぶ」という項目にチェックを入れるのは，すでに同年齢の障害のない子どもたちの中に入って遊ぶことができる場合にチェックするのではなく，現在は遊ぶことができないが，同年齢の障害のない子どもたちの中に入って遊んで欲しいという願いを持った指導をしたい場合にチェックするということである。なお，「目標チェック」は，単なる指導者の願いではなく，今の発達段階や活動の状況から見て，少し支援すれば達成可能だろうという見通しのもとにチェックすることが大切である。
② 選び出された複数の分野・領域にまたがる項目を精査して，重点的に指導すべき項目をさらに精選し，指導目標・内容・方法を決定する。なお，指導すべき項目を精選した場合，その項目を並べただけでは指導目標や内容・方法が明らかになるわけではないので，選び出された項目から，具体的な目標や内容・方法を詳細に検討し，最も適当と思われる目標・内容・方法を考え出さねばならない。
③ 指導目標・内容・方法に基づいて指導した結果，「このような行動を示して欲しい」あるいは「このような行動が取れるように指導したい」と思って選定した項目に，指導の効果が現れて改善が認められた場合は，「チェック1」に「達成チェック」を入れる。

なお，具体的な活用に関しては，次の「第2『行動要素一覧』を活用した指導の事例」を参照してください。

第2 「行動要素一覧」を活用した指導の事例

事例1　Y視覚障害児の場合

1　Y児の実態

　Y児は、視覚障害特別支援学校の第2学年に在籍している全盲の女児です。視力による外界認知ができないため、主として触覚と聴覚によって事物や事象の認知を行っています。理解力は高く意欲も旺盛で点字の読み書き能力も十分に備わっており、教科等は学年相応の学習が可能ですが、触知覚による事物の把握や空間に関するイメージの形成にいくつかの課題が見られるため、手指の操作的活動を通して、観察力を高める学習やひとり歩きの基礎としての基本的な空間概念の形成に関する学習が中心的課題だと思われます。また、介添歩行を通して、将来ひとり歩きを行うための基礎的技能を身に付けさせることも大きな課題です。

2　チェックリストによる項目の選定

　上記のようなY児の実態を踏まえて、最も優先して取り組むべき分野・領域を次のように絞り込み、この分野・領域において行動等の改善が期待できる項目を「行動要素一覧」から抜き出しました。

　　【絞り込んだ分野・領域】
　　　① 2 探索操作：2-1 手や腕による探索操作　　2-3 聴覚による探索操作と聴覚補助具等の活用　　2-5 足と全身の皮膚による探索操作

Ⅱ　各分野・領域ごとの行動要素とその活用

　② 3 行動の枠組みの形成と活用：3-1 モノの機能と質
　　　　　　　　　　　3-3 空間の表象や概念の形成と活用
　③ 5 移動とその手段：5-1 介添による移動

　絞り込んだ分野・領域の中から，Y児に身に付けさせたい項目（うまく指導すれば身に付けさせることが期待できそうな項目）を付録 CD-ROM のエクセルデータから選んで，「チェック2」の欄に「○」印を付け，手順にしたがってチェックした項目を選び出しました（手順は，「チェック2」のセルをアクティブにして，「データ」メニューの「フィルター」「オートフィルター」をクリックし，「項目」のプルダウンメニューで「○」を選択する）。この操作によって「チェック2」に「○」印を付した以下の27項目が抜き出されました。

【分野・領域からチェックして抜き出した項目】

チェック2	行動要素項目
○	○21303　最初に手で全体を観察した後，指先で部分を細かく観察する。
○	○21304　やわらかいモノ，くずれやすいモノをこわさないようにさわる。
○	○21305　自己の発想に基づいて玩具のブロック等で様々なモノを作る。
○	○23301　音源の方向を八方向に指さす。
○	○23304　かんやビンをたたいて内部の状況を知る。
○	○23305　騒音の中で静止音や移動音の定位をする。
○	○23306　反射音や残響音などでその場の広さや特徴を知る。
○	○25203　肌の感触で日なたと日陰が分かる。
○	○25302　風の方向や吹き方でその場の状況が分かる。
○	○31207　積み木やブロック・粘土などを用いてモデルをまねして構成する。
○	○31208　基本形態（幾何学立体）を形に着目して仲間に分ける。
○	○31209　基本形（基本的な平面図形）を形に着目して仲間に分ける。
○	○31301　種々の手がかりの組み合わせによって，モノの材質や材料，状態が分かる。
○	○33206　人形を起点とした上下，左右，前後，右斜め前，左斜め前等の方向が分かる。
○	○33207　4個程度の積み木で表現した形の見本を見て，同じ形を表現する。

○	○33209	歩いた道順を積み木などで表現し，特徴のある店（部屋）などの通過点を特定する。	
○	○33210	部屋に配置された家具などを模型や積み木などで表現する。	
○	○33211	3〜4個の玩具のブロック等で作成された見本を見て，同じ形を表現する。	
○	○33301	「左向け左」，「まわれ右」，「右折れ」，「左折れ」などの指示通りに行動する。	
○	○33302	右折れ，左折れに伴って90度・180度方向転換した際の位置関係の違いが分かる。	
○	○33303	部屋に配置された家具などの位置関係を環境に対応しない状態でも表現する。	
○	○33304	碁盤の目状にモノを並べた場合の縦横の関係をことばで表現する。	
○	○51301	介添者にお礼のことばを言う。	
○	○51302	介添者の肘の動きで半歩前の路面の様子を知り，それを介添者に話しながら歩く。	
○	○51303	保有する感覚を活用して周囲の状況を理解しながら介添者と共に歩く。	
○	○51304	歩道と車道，横断歩道と信号機等の役割を理解しながら介添者と共に歩く。	
○	○51305	歩行補助具を有効に活用して，介添者と共に安定して歩く。	

3 指導目標・内容の検討

上記の抜き出したチェック項目をもとに，項目間の関連を捉えるなどして具体的な指導目標と内容を吟味しました。チェック項目を通して浮かび上がった指導目標・内容は次に示す通りです。なお，この指導目標・内容をコアとして，詳細な個別の指導計画を作成することとしました（個別の指導計画は割愛）。

① 指導目標・内容Ⅰ
　指導目標：認知や動作の基礎的力を身に付けさせるために，モノの属性の弁別と尺度化・標識化の学習を行い，基本的な概念形成の枠組みを陶冶

する。

指導内容：チェックした項目のうち，次のものが指導内容に含まれる（21303，21304，21305，23301，23304，31207，31208，31209，31301，33211）。これらの内容を含めて，具体的な指導の筋道を検討し，詳細な個別の指導計画を作成することとする。

② 指導目標・内容Ⅱ

指導目標：よく知っている教室や校舎等に対する空間のイメージを明確にする。

指導内容：チェックした項目のうち，次のものが指導内容に含まれる（23306，33206，33207，33209，33210，33301，33302，33303，33304）。これらの内容を含めて，具体的な指導の筋道を検討し，詳細な個別の指導計画を作成することとする。

③ 指導目標・内容Ⅲ

指導目標：登下校など，日常的な介添歩行を通して，ひとり歩きに必要な基本的な技能を身に付ける。

指導内容：チェックした項目のうち，次のものが指導内容に含まれる（25203，25302，51301，51302，51303，51304，51305）。これらの内容を含めて，具体的な指導の筋道を検討し，詳細な個別の指導計画を作成するが，この場合，学校で基本的な事項を指導し，登下校などの日常的な介添歩行を通して，諸技能が身に付くように保護者との連携を図ることが大切なので，この点に留意することとした。

事例２　Ｔ聴覚障害児の場合

1　Ｔ児の実態

Ｔ児は，聴覚障害特別支援学校の第１学年に在籍している男の子です。平均聴覚レベルは，両耳とも70 dB以上の高度難聴で，補聴器を常時装用してい

ます。
　T児は，聞こえにくい聴覚であいまいに人のことばを聞いているため，特に，カ行・サ行・ラ行・拗音などに発音の誤りが多く認められます。また，それをそのまま書きことばとして表そうとするため，書きことばにも多くの問題を抱えています。そのため，書くことに苦手意識が強く，作文や絵日記を自分だけではなかなか書こうとしません。教師の問いかけに対しては，理解している事柄でも単語レベルで答えることが多いという状況です。また，T児が居住する小学校に定期的に出向いて交流を行っていますが，友だちのことばの聞き取りにくさや，T児の発音の不明瞭さ等が影響してか，行動が消極的になりがちな状況です。

2　チェックリストによる項目の選定

　上記のようなT児の実態を踏まえて，最も優先して取り組むべき分野・領域を次のように絞り込み，この分野・領域において行動等の改善が期待できる項目を，「行動要素一覧」から抜き出しました。

　【絞り込んだ分野・領域】
　　　① 　1 障害の理解と心身の調整：
　　　　　　　　　1-2 障害を改善する態度と障害を克服する意欲の形成
　　　② 　2 探索操作：2-3 聴覚による探索操作と聴覚補助具等の活用
　　　③ 　8 意思の相互伝達と社会性：8-1 対話　　8-2 音声・語彙・語法
　　　　　　　　　8-3 文字と符号　　8-4 人間関係と社会性

　絞り込んだ分野・領域の中から，T児に身に付けさせたい項目（うまく指導すれば身に付けさせることが期待できそうな項目）を付録CD-ROMのエクセルデータから選んで，「チェック2」の欄に「○」印を付け，手順にしたがってチェックした項目を選び出しました（手順は，「チェック2」のセルをアクティブにして，「データ」メニューの「フィルター」「オートフィルター」をクリックし，「項目」のプルダウンメニューで「○」を選択する）。この操作によって「チェッ

ク 2」に「○」印を付した以下の 23 項目が抜き出されました。

【分野・領域からチェックして抜き出した項目】

チェック2	行動要素項目
○	○12201　友だちと積極的に遊び，いろいろな経験をする。
○	○12204　見たり・聞いたり・さわったりして経験を広め，知識を豊富にする。
○	○12301　文字によるコミュニケーションを確立して知識を広める。
○	○12306　いろいろな場に参加し人間関係や経験を広める。
○	○23209　自分の発音の間違いに気づいて直す。
○	○23210　補聴器を装用して相手のことばを聞き分け，コミュニケーションを楽しむ。
○	○23301　音源の方向を八方向に指さす。
○	○81201　大勢の友だちの中でも元気よく会話ができる。
○	○81207　経験したことを両親や先生，友だちなどに話す。
○	○81217　しりとり遊びをする。
○	○81302　幼児語をほとんど使わない。
○	○82217　絵本の文字をたどたどしく読む。
○	○82218　今日は何曜日か分かる。
○	○82220　子ども向けの漫画の本を喜んで見たり読んだりする。
○	○82221　名詞や動詞などのことばの概念をおおかた身に付けている。
○	○82301　幼児語をほとんど使わなくなる。
○	○82303　正しく明瞭に発音する。
○	○82304　場に応じて声量を調整する。
○	○83301　文字を理解し，語や文を読む。
○	○83302　文字を書くルールを大方理解している。
○	○84216　数人が一緒になってルールを決めてごっこ遊びをする。
○	○84217　自分で店に行って品物を買っておつりをもらう。
○	○84218　信号を見て横断歩道を正しく渡る。

3　指導目標・内容の検討

上記の抜き出したチェック項目をもとに，項目間の関連を捉えるなどして具体的な指導目標と内容を吟味しました。チェック項目を通して浮かび上がった

指導目標・内容は次に示す通りです。なお，この指導目標・内容をコアとして，詳細な個別の指導計画を作成することとしました（個別の指導計画は割愛）。

① 指導目標・内容Ⅰ
　指導目標：絵や写真を使って経験を想起し，対話を通して，文を構成する５Ｗ１Ｈを意識できるようにする。
　指導内容：チェックした項目のうち，次のものが指導内容に含まれる（12204，23301，81207，82217，82218，82220，82221，82304，84218）。これらの内容を含めて，具体的な指導の筋道を検討し，詳細な個別の指導計画を作成することとする。
② 指導目標・内容Ⅱ
　指導目標：絵日記や作文，スピーチ発表の場を設け，相手に伝えることの楽しさを味わうとともに，自信を持って伝えることができるようにする。
　指導内容：チェックした項目のうち，次のものが指導内容に含まれる（12201，12306，23210，81201，81217，83301，83302，84216，84217）。これらの内容を含めて，具体的な指導の筋道を検討し，詳細な個別の指導計画を作成することとする。
③ 指導目標・内容Ⅲ
　指導目標：口形模倣をしたり，文字や指文字で確認したりすることで，出そうとしている音を認識させ，口形や子音を意識できるようにする。
　指導内容：チェックした項目のうち，次のものが指導内容に含まれる（12301，23209，81302，82301，82303）。これらの内容を含めて，具体的な指導の筋道を検討し，詳細な個別の指導計画を作成することとする。

Ⅱ　各分野・領域ごとの行動要素とその活用

事例3　「ADHD」と診断されているA児の場合

1　A児の実態

　対象児Aは，ADHDと診断された小学校4年生の男児で，通常の学級に在籍しています。WISC-Ⅲの結果において知的な遅れは見られませんでしたが，認知機能領域の検査（DN-CAS）では，継次処理の数値が低いという結果でした。
　A児は，自分の思いどおりにならなかったり，周囲の者から注意されたり行動を止められたりすると，すぐに感情的になって衝動的に暴言をはいたり暴力をふるったりという行動が現れ，他の児童とのトラブルが絶えないという状況です。また，感情的になると，怒りをコントロールすることが非常に難しく，落ち着くまでに数時間を要するということがしばしば見られます。学習面においては，クラスの平均的な学力を有していますが，文字が乱雑で板書などを最後まで書き写すことができない場合が多く，宿題も忘れがちです。

2　チェックリストによる項目の選定

　上記のようなA児の実態を踏まえて，最も優先して取り組むべき分野・領域を次のように絞り込み，この分野・領域において行動等の改善が期待できる項目を，「行動要素一覧」から抜き出しました。
　　【絞り込んだ分野・領域】
　　　①　1 障害の理解と心身の調整：1-1 自己の障害等の理解
　　　　　　　　　　1-2 障害を改善する態度と障害を克服する意欲の形成
　　　②　8 意思の相互伝達と社会性：8-1 対話　　8-3 文字と符号
　　　　　　　　　　8-4 人間関係と社会性
　絞り込んだ分野・領域の中から，A児に身に付けさせたい項目（うまく指導

すれば身に付けさせることが期待できそうな項目）を付録 CD-ROM のエクセルデータから選んで，「チェック2」の欄に「○」印を付け，手順にしたがってチェックした項目を選び出しました（手順は，「チェック2」のセルをアクティブにして，「データ」メニューの「フィルター」「オートフィルター」をクリックし，「項目」のプルダウンメニューで「○」を選択する）。この操作によって「チェック2」に「○」印を付した以下の15項目が抜き出されました。

【分野・領域からチェックして抜き出した項目】

チェック2	行動要素項目
○	○11302 障害があるための行動制限にどのように対応したらいいかを大まかに知る。
○	○11304 障害は決して恥ずかしいことではないことを理解する。
○	○11305 努力すれば活動の制限をなくしたり軽減したりできることを知る。
○	○12303 心配事や不安な状況を親や教師等に打ち明ける。
○	○12304 自分にとって心地よい刺激は何か，いやな刺激は何かを大方理解している。
○	○12305 音や感触あるいは場面において不快な気持ちになる状況が生じたらそれを避けようとする。
○	○12308 日々の生活の中に集中して打ち込める活動を持っている。
○	○12315 どのような音や感触，あるいは場面で不快な気持ちになるかを理解している。
○	○12316 パニックを起こしたとき，どうやって静めたらいいかを理解している。
○	○12317 前もって説明を聞いたり模擬練習を受けていれば，いろいろな変化にも対応できる。
○	○81301 自分で自信を持って友だちと遊ぶことができる遊びがいくつかある。
○	○81308 相手の反応を確かめながら話す。
○	○83303 枠組みの中に仮名や漢字を書く。
○	○84201 自分の気に入らないことがあってもある程度感情を抑えることができる。
○	○84309 パソコン等の情報端末機を用いて仲間と交信する。

3 指導目標・内容の検討

　上記の抜き出したチェック項目をもとに，項目間の関連を捉えるなどして具体的な指導目標と内容を吟味しました。チェック項目を通して浮かび上がった指導目標・内容は次に示す通りです。選定した項目のうち，「11304，12305，83303」に関しては，別の角度からの目標・内容の設定が必要なため，今回の指導目標・内容からは除外することとしました。

　なお，この指導目標・内容をコアとして，詳細な個別の指導計画を作成することとしました（個別の指導計画は割愛）。

① 指導目標・内容Ⅰ
　指導目標：友だちと仲良く遊んだり情報交換したりすることができるようにする。
　指導内容：チェックした項目のうち，次のものが指導内容に含まれる（12308，81301，84309）。これらの内容を含めて，具体的な指導の筋道を検討し，詳細な個別の指導計画を作成することとする。

② 指導目標・内容Ⅱ
　指導目標：自己の行動の問題点を理解し，いくつかの対処方法を知る。
　指導内容：チェックした項目のうち，次のものが指導内容に含まれる（11302，11305，12303，12304，12315，12316，12317，81308，84201）。これらの内容を含めて，具体的な指導の筋道を検討し，詳細な個別の指導計画を作成することとする。

事例4　B肢体不自由児の場合

1　B児の概要

　B児は，通常の学級に在籍している小学校3年生の女児で，脳性まひにより

歩行や立位が不安定なため，両脚に補装具を着けています。また，細かい手先の動きにもぎこちなさが見られるなど，上肢の動きにも制限があるため，体育等の実技においては皆と同じ課題に参加できなかったり，作業を伴う学習活動では他の児童より時間がかかったりします。特に，書字には時間がかかるので，苦手意識が強いようです。校外活動では，安全面の配慮等からボランティア等の支援を受けています。

　このような肢体不自由による活動の制限以外の面では，Ｂ児は通常の学級の他の児童と同様の学習活動を行いながら学校生活を送っています。学校では明朗で話し好きであり，友だち関係も良好です。学力はおおむね学年にふさわしいものが身に付いていますが，一方で，ストレスがたまるのか，家に帰ると大声を発するなどの発散行動も見られます。

　この事例においては，Y特別支援学校（肢体不自由）のセンター的機能を活用して自立活動の指導を行っています。

2　チェックリストによる項目の選定

　上記のようなＢ児の実態を踏まえて，Y特別支援学校の自立活動担当の教員と相談してチェックすべき分野・領域を次のように絞り込み，この分野・領域において行動等の改善が期待できる項目を「行動要素一覧」から抜き出しました。

　　【絞り込んだ分野・領域】
　　　①　1 障害の理解と心身の調整：1-1 自己の障害等の理解
　　　　　　　　　　　　　　　　　1-2 障害を改善する態度と障害を克服する意欲の形成
　　　②　2 探索操作：2-1 手や腕による探索操作
　　　③　5 移動とその手段：5-1 介添による移動
　　　　　　　　　　　　　 5-3 移動に必要な補助具の活用

　絞り込んだ分野・領域の中から，Ｂ児に身に付けさせたい項目（うまく指導すれば身に付けさせることが期待できそうな項目）を付録 CD-ROM のエクセル

データの第2段階・第3段階を中心に選定しました(「チェック2」の欄に「○」印を付け,「チェック2」のセルをアクティブにして,「データ」メニューの「フィルター」「オートフィルター」をクリックし,「項目」のプルダウンメニューで「○」を選択する)。この一連の操作によって,「チェック2」に「○」印を付した項目が,下記のように18項目選別されました。

【分野・領域からチェックして抜き出した項目】

チェック2	行動要素項目	
○	○11204	具体的な行動に困難はあっても工夫すればできることを知る。
○	○11301	補助具や自助具を活用すれば行動が容易になることを知る。
○	○11303	いろいろな種類の障害のある人がいることを知る。
○	○11304	障害は決して恥ずかしいことではないことを理解する。
○	○11305	努力すれば活動の制限をなくしたり軽減したりできることを知る。
○	○12307	困難な状況があっても,努力してそれを乗り越えようとする意欲を持っている。
○	○12308	日々の生活の中に集中して打ち込める活動を持っている。
○	○12309	補助具や自助具を積極的に活用して活動や行動範囲を広げる。
○	○12314	友だちや教師と自己の障害について話し合う。
○	○12319	友だちとの遊びで,うまくいかなかったり失敗したりしても落ち込まない。
○	○21203	目と手を協応させてモノや図形の輪郭をたどる。
○	○21219	はさみとのりを使って紙で簡単なモノを作る。
○	○21222	積み木で椅子やベッドなどを構成して遊ぶ。
○	○21224	玩具のブロック等で簡単な模型を自力で作って遊ぶ。
○	○21305	自己の発想に基づいて玩具のブロック等で様々なモノを作る
○	○51301	介添者にお礼のことばを言う。
○	○51305	歩行補助具を有効に活用して,介添者と共に安定して歩く。
○	○53306	補装具を装着してスムーズに歩く。

3　指導目標・内容の検討

上記の抜き出したチェック項目をもとに,項目間の関連を捉えるなどして具

体的な指導目標と内容を吟味しました。チェック項目を通して浮かび上がった指導目標・内容は，次に示す通りです。この指導目標・内容をコアとして，詳細な個別の指導計画を作成することとしました（個別の指導計画は割愛）。なお，選定した項目のうち 12308 は，三つの指導目標・内容のグループに入りにくいので，今回の指導目標・内容からは除外しました。

① 指導目標・内容Ⅰ
  指導目標：必要に応じて上肢の補助具や自助具を活用して様々な手指の活動を行い，多少の困難はあっても，工夫すれば成し遂げられることを体感する。
  指導内容：チェックした項目のうち，次のものが内容に含まれる（11204, 11301, 12309 21203, 21219, 21222, 21224, 21305）。これらの内容を含めて，具体的な指導の筋道を検討し，詳細な個別の指導計画を作成することとする。
② 指導目標・内容Ⅱ
  指導目標：自己の障害に関しての理解を深め，障害を改善していこうという意欲を高める。
  指導内容：チェックした項目のうち，次のものが内容に含まれる（11303, 11304, 11305, 12307, 12314）。これらの内容を含めて，具体的な指導の筋道を検討し，詳細な個別の指導計画を作成することとする。
③ 指導目標・内容Ⅲ
  指導目標：歩行補助具や補装具を活用するなどして，安定した歩行ができる。
  指導内容：チェックした項目のうち，次のものが内容に含まれる（51301, 51305, 53306）。これらの内容を含めて，具体的な指導の筋道を検討し，詳細な個別の指導計画を作成することとする。

第3 各分野・領域ごとの5段階「行動要素一覧」

ここで示す「行動要素一覧」は付録の CD-ROM にも収録しています。活用の方法は「第2『行動要素一覧』を活用した指導の事例」(61～73ページ)をご参照ください。

1 障害の理解と心身の調整

(1) 自己の障害等の理解

第1段階

- 11101　同年齢の同じ障害のある子ども同士友だちになる。
- 11102　同年齢の障害のない子どもたちの中に入って遊ぶ。
- 11103　同年齢の子どもたちの中に入って喜んで遊ぶ。

第2段階

- 11201　自分と同じ障害のある人が大勢いることを知る。
- 11202　障害があるために日常生活や学習などで工夫しなければならない点があることを知る。
- 11203　自分と両親や兄弟等との違いを生活の中で自然に知る。
- 11204　具体的な行動に困難はあっても工夫すればできることを知る。
- 11205　障害のない友だちとの差異を生活の中で自然に知る。
- 11206　障害のない子どもたちとの様々な活動に積極的に参加する。

第3段階

- 11301　補助具や自助具を活用すれば行動が容易になることを知る。
- 11302　障害があるための行動制限にどのように対応したらいいかを大まかに知る。
- 11303　いろいろな種類の障害のある人がいることを知る。
- 11304　障害は決して恥ずかしいことではないことを理解する。
- 11305　努力すれば活動の制限をなくしたり軽減したりできることを知る。
- 11306　障害のない子どもたちとの交わりで自分の役割を考えて積極的に活動する。

第4段階

- 11401　様々な活動を行う際，あらかじめ予測したり準備したりすべき点を知る。
- 11402　様々な社会的活動に積極的に参加する態度を身に付ける。

- ○ 11403　自力でできることと他人の助力が必要なこととを区別して知る。
- ○ 11404　活動制限を取り除くための対応の仕方（介助も含む）を具体的に知る。
- ○ 11405　自分の障害について詳しく知る。
- ○ 11406　投薬による自己管理ができる。
- ○ 11407　自分を理解してくれる人のいることを知る。
- ○ 11408　活動の制限も工夫すれば改善できることを具体的に知る。
- ○ 11409　障害者（児）のための医療・福祉などの団体があることを知る。
- ○ 11410　不安や心配事の原因が何であるかを認識している。

〔第5段階〕
- ○ 11501　自己の生き方を深く考えるとともに社会に貢献する方策を検討する。
- ○ 11502　自己の職業生活や結婚生活を具体的に考える。
- ○ 11503　自己の障害を正しく受け止め，障害を克服するとはどのようなことかを理解する。
- ○ 11504　すべての障害者に関する事柄を学び，障害者の福祉を考える。
- ○ 11505　障害者が社会の中で生き生きと活動していくための環境条件の改善策を考える。

(2) 障害を改善する態度と障害を克服する意欲の形成

〔第1段階〕
- ○ 12101　いろいろな遊びに興味を持つ。
- ○ 12102　歩行や排泄などができるようになる。
- ○ 12103　身振りサインやことばによるコミュニケーションがある程度できる。
- ○ 12104　いろいろなモノに興味を持ち，見たり・聞いたり・さわったりする。

〔第2段階〕
- ○ 12201　友だちと積極的に遊び，いろいろな経験をする。
- ○ 12202　基本的な身辺自立が身に付く。
- ○ 12203　困難に遭遇したら保護者や教師に訴える。
- ○ 12204　見たり・聞いたり・さわったりして経験を広め，知識を豊富にする。
- ○ 12205　投薬をいやがらないで協力的に対応する。
- ○ 12206　自己の病状や障害の状態を理解し生活規制などに関する親等の言いつけを

守る。

第3段階

○ 12301　文字によるコミュニケーションを確立して知識を広める。
○ 12302　強い光や大きな音にも極端な恐怖心を起こさない。
○ 12303　心配事や不安な状況を親や教師等に打ち明ける。
○ 12304　自分にとって心地よい刺激は何か，いやな刺激は何かをおおかた理解している。
○ 12305　音や感触あるいは場面において不快な気持ちになる状況が生じたらそれを避けようとする。
○ 12306　いろいろな場に参加し人間関係や経験を広める。
○ 12307　困難な状況があっても，努力してそれを乗り越えようとする意欲を持っている。
○ 12308　日々の生活の中に集中して打ち込める活動を持っている。
○ 12309　補助具や自助具を積極的に活用して活動や行動範囲を広げる。
○ 12310　投薬の時間が分かり進んで投薬しようとする。
○ 12311　自己の障害のために留意すべき点を理解して行動する。
○ 12312　病状や障害を悪化させないために何が必要かを理解している。
○ 12313　やる気を出してあきらめずに積極的に努力する。
○ 12314　友だちや教師と自己の障害について話し合う。
○ 12315　どのような音や感触あるいは場面で不快な気持ちになるかを理解している。
○ 12316　パニックを起こしたとき，どうやって静めたらいいかを理解している。
○ 12317　前もって説明を聞いたり模擬練習を受けていれば，いろいろな変化にも対応できる。
○ 12318　急な予定の変更や環境の変化にも安定して対応できる。
○ 12319　友だちとの遊びでうまくいかなかったり失敗したりしても落ち込まない。
○ 12320　悩みがあるときは友だちや教師に相談する。

第4段階

○ 12401　遊びの途中で友だちとの間にトラブルがあってもそれを解決するように努める。
○ 12402　遊びなどで友だちが失敗してもおおらかに受け止める。

- ○ 12403　ストレス解消の方法を理解してそれを実行する。
- ○ 12404　自分の長所や良さを知っている。
- ○ 12405　自己の障害のために制限を受ける行動を理解して対応する。
- ○ 12406　同じ障害のある仲間や先輩と接して，そこから多くを学ぼうとする意欲を持っている。
- ○ 12407　不安や心配事の原因が何であるかを認識している。
- ○ 12408　補助具や自助具を日常生活の中で活用して活動や生活の場を広げる。
- ○ 12409　自己の病状や障害の状態を理解し，自ら生活規制を行うなどの自己管理をする。
- ○ 12410　困難に遭遇したら自分で工夫して改善するように努力する。
- ○ 12411　自分にできることは積極的に行い，できないことは援助を依頼する。
- ○ 12412　自分と違った種類の障害者と進んで付き合う。
- ○ 12413　趣味を持ち，情操を豊かにする。
- ○ 12414　何でも相談できる理解者を得て精神的に安定する。
- ○ 12415　課題をやり遂げた経験を持っていて努力の大切さを理解している。
- ○ 12416　できないこともチャレンジしてみようという意欲を持っている。

（第5段階）

- ○ 12501　自分の長所や良さを知り，自信を持っている。
- ○ 12502　自分の障害や役割を知り，人と協力し行動する。
- ○ 12503　自分に適した行動のパターンを見つけて日常生活等に生かす。
- ○ 12504　自己の病状や障害について他の人に伝えたり質問などに答える。
- ○ 12505　将来の目標を定め，自立を目指して着実に活動する。
- ○ 12506　社会参加のための態度を養い，様々な活動に積極的に参加する。
- ○ 12507　障害者の団体で活動するなどして福祉の向上と社会的環境の改善に努める。

2　探索操作

(1)　手や腕による探索操作

（第1段階）

- ○ 21101　手にふれたものを握る。

○ 21102　握っているものを放す。
○ 21103　指を口の中に入れてしゃぶる。
○ 21104　両手の指をかみ合わせたり離したりする。
○ 21105　体のそばにある玩具などに手を伸ばして探してつかむ。
○ 21106　表面のなめらかなものをなでて楽しむ。
○ 21107　ガラガラなどを振って音を楽しむ。
○ 21108　いろいろなモノを両手で口に持っていく。
○ 21109　ボタンやビーズなど小さなモノを探してつまむ。
○ 21110　小さなモノをコップやビンなどに入れたり出したりして遊ぶ。
○ 21111　新聞紙等をびりびりちぎって喜ぶ。
○ 21112　玩具などを一方の手から他方の手に持ちかえる。
○ 21113　自分の体や服などの各部分を注意して見つめたりさわったりする。
○ 21114　ビンのふたを開けたり閉めたりする。
○ 21115　鉛筆などでめちゃくちゃ書きをする。
○ 21116　引き出しを開けていろいろなモノを取り出す。
○ 21117　障子やふすまを開けたり閉めたりする。
○ 21118　積み木を2～3個積み重ねる。
○ 21119　危険なものには手をふれない。
○ 21120　何でも自動車に見立てて押したり引っぱったりして遊ぶ。
○ 21121　砂いじりを好み，砂を容器に入れたり出したりして遊ぶ。
○ 21122　コップからコップに水などを移して遊ぶ。
○ 21123　鉛筆などでぐるぐる丸らしきものを描く。
○ 21124　親や教師のまねをして直線を引く。
○ 21125　いろいろなモノを紙や布に包んで遊ぶ。
○ 21126　まりを投げたり受け取ったりして繰り返し遊ぶ。
○ 21127　はさみを使って紙を切る。
○ 21128　顔らしいものを描いて目や口などを付ける。
○ 21129　のりで紙と紙を貼り付ける。

（第2段階）

○ 21201　ボタンホールにボタンをかける。

- 21202　ある範囲の枠組みの中から対象となるモノを目や手で探して取り上げる。
- 21203　目と手を協応させてモノや図形の輪郭をたどる。
- 21204　音などをたよりに落としたモノの場所を予測して探す。
- 21205　親指と四指の間にモノをはさんで，ざらざら・すべすべ等の感触を調べる。
- 21206　虫や鳥，魚などを傷つけないようにそっとさわる。
- 21207　直線に沿ってはさみで紙を切る。
- 21208　積み木を高く積み上げて遊ぶ。
- 21209　積み木で，簡単な家などをつくって遊ぶ。
- 21210　砂を茶わんに入れて型抜きしたり，砂で山をつくったりして遊ぶ。
- 21211　積み木を自家用車やトラック等に見立てて遊ぶ。
- 21212　画用紙いっぱいに動物などの絵を描いて色をぬる。
- 21213　砂場で山をつくり，トンネルを掘って遊ぶ。
- 21214　木片に金槌で釘を打ち付けて遊ぶ。
- 21215　ままごと遊びをして楽しむ。
- 21216　友だち同士で話しながら共同作業をする。
- 21217　興味のある絵や写真を見て楽しむ。
- 21218　はさみで簡単な形を切り抜く。
- 21219　はさみとのりを使って紙で簡単なモノを作る。
- 21220　紙で飛行機などを作り，よく飛ぶような工夫をして遊ぶ。
- 21221　積み木をできるだけ高く積む。
- 21222　積み木で椅子やベッドなどを構成して遊ぶ。
- 21223　日ごろに経験した場面や動物を絵に描いて楽しむ。
- 21224　玩具のブロック等で簡単な模型を作って遊ぶ。
- 21225　折り紙で風船ややっこなど，簡単なモノを自力で折って遊ぶ。
- 21226　崩し将棋をして友だちと遊ぶ。

（第3段階）

- 21301　体を起点に両手を伸ばして大きなモノを探る。
- 21302　手をすき間なく動かして床などに落ちたモノを探す。
- 21303　最初に手で全体を観察した後，指先で部分を細かく観察する。
- 21304　やわらかいモノ，くずれやすいモノをこわさないようにさわる。

- ◯ 21305　自己の発想に基づいて玩具のブロック等で様々なモノを作る。
- ◯ 21306　設計図を見て簡単なプラモデルを作る。
- ◯ 21307　折り方の図を見て折り紙で様々な形を折る。
- ◯ 21308　針の穴に糸を通す。

　第4段階
- ◯ 21401　小刀で鉛筆などを削る。
- ◯ 21402　線に沿ってはさみで形を切り抜く。
- ◯ 21403　モノの一部にさわっただけで，それが何であるか分かる。
- ◯ 21404　さわるのが不適当なものは手をふれない。
- ◯ 21405　石などを爪先でひっかくようにして観察する。

　第5段階
- ◯ 21501　彫刻刀で様々な形を彫る。
- ◯ 21502　目的に応じて素早く全体を確認し，必要な部分に巧みにさわる。
- ◯ 21503　初めて扱う家庭電化製品でも説明書を見て操作する。

(2)　視覚による探索操作と視覚補助具等の活用

　第1段階
- ◯ 22101　音のした方に首をまわす。
- ◯ 22102　哺乳時に母親の顔を凝視する。
- ◯ 22103　動くものを目で追う。
- ◯ 22104　あたりをきょろきょろ見まわす。
- ◯ 22105　手の動きに連れて首をまわして見る。
- ◯ 22106　玩具をさし出すとそれを見て手を出す。
- ◯ 22107　首や眼球を動かして見上げたり見おろしたりする。
- ◯ 22108　小さいものに注意を向けて見る。
- ◯ 22109　体や首や眼球を動かしてあたりをくまなく見まわす。
- ◯ 22110　モノを落として落ちた場所をのぞく。
- ◯ 22111　自分の体や服の部分を注意して見る。
- ◯ 22112　黒と白が分かる。
- ◯ 22113　赤・青・緑・黄等の原色をマッチングする。

第2段階

- 22201　眼球を動かして線などをたどって見る。
- 22202　色の対比により中間色が分かる。
- 22203　線の切れ目や曲り角，行頭や行末を留意して見る。
- 22204　モノの落ちた場所を音などをたよりに予測して見る。
- 22205　図形の交じわりや重ね図形を見分ける。
- 22206　それぞれのモノの有する固有の色が分かる。
- 22207　全体を観察した後に部分を詳しく見る。
- 22208　視野の中で全体を見ながら必要な部分を注視する。

第3段階

- 22301　部分を全体と関係付けながら見る。
- 22302　よく知っているモノについては一部を見て全体を予測する。
- 22303　モノの形を概観して欠けた部分を補って見る。
- 22304　見えにくい子どもの場合は，遠用・近用の弱視レンズを用いて見る。
- 22305　連続して変化する場面の内容により，注視点を移動して見る。
- 22306　左右や上下に置かれた二つのモノを交互に注視して比較する。
- 22307　途中で視線をそらせた後，元の部分を素早く注視する。

第4段階

- 22401　地図などの錯綜する平面上の情報から，必要な部分を捉えて見る。
- 22402　弱視レンズなどを活用して素早く明瞭にモノを見る。
- 22403　タブレット端末等で見やすい状態を設定して見る。

第5段階

- 22501　日常生活における多くの視覚情報の中から必要な情報を抜き出して見る。
- 22502　目的に応じて補助具等を使い分けて必要な視覚情報を得る。

(3) 聴覚による探索操作と聴覚補助具等の活用

第1段階

- 23101　大きな音に反応する。
- 23102　声や音のした方向に首をまわす。
- 23103　親の声と他の人の声を聞き分ける。

- ○ 23104　モノを落して音を楽しむ。
- ○ 23105　ガラガラなどを振って音を楽しむ。
- ○ 23106　音の出る玩具を鳴らすと手を伸ばして取りに来る。
- ○ 23107　紙をまるめたり，ちぎったりして，音を楽しむ。
- ○ 23108　音のした方に顔を向けて音源等を指さす。
- ○ 23109　補聴器を装用していくつかの音を聞き分ける。
- ○ 23110　動く音につれて指さしながら顔をまわして追いかける。
- ○ 23111　「パパどこ」，「ママどこ」などと問いかけるとそちらを向く。
- ○ 23112　「こちらにいらっしゃい」などの大人のことばを聞き分けて行動する。
- ○ 23113　入れ物にモノを入れて振って音を出して楽しむ。
- ○ 23114　絵本を見て「これ何」と尋ねると「ワンワン」「ニャンニャン」などと答える。
- ○ 23115　「まりを持って来て」等という問いかけを聞き分けて行動する。
- ○ 23116　目，耳，口等と言うと，自分の目や耳，口などを指で押さえる。
- ○ 23117　凝音語や凝態語だけでなく，いろいろな音をまねる。
- ○ 23118　打楽器やいろいろなモノをたたいて音を出して楽しむ。
- ○ 23119　音に合わせて跳ぶ・跳ねる・まわる・ころがる・歩く・手をたたくなどして楽しむ。
- ○ 23120　二つの音の高低・強弱・長短・音色の違いなどに合わせて別の動作をする。
- ○ 23121　自分の名前を呼ばれると返事をする。
- ○ 23122　お話を聞くのを好む。
- ○ 23123　大人のことばをそのまままねて言う。
- ○ 23124　童謡などを聴いてまねして歌う。
- ○ 23125　名前を聞くと，姓と名を言う。
- ○ 23126　補聴器を装用して日常会話を聞き分ける。

(第2段階)

- ○ 23201　上下に動く音の方向を首を傾けて聞き分ける。
- ○ 23202　まっすぐに向いたまま音源の方向（前後・左右）を指さす。
- ○ 23203　よく知っている動物の鳴き声を当てて楽しむ。
- ○ 23204　よく知っている人の声や楽器の音等を当てて楽しむ。

- ○ 23205　フィルムかんなどに小石や穀物等を入れ，種々の音のマッチング等を行う。
- ○ 23206　絵本を見ながら友だち同士で話をする。
- ○ 23207　楽器の音の高低・長短・強弱等が基準音との比較で相対的に分かる。
- ○ 23208　しりとり遊びを好んでする。
- ○ 23209　自分の発音の間違いに気づいて直す。
- ○ 23210　補聴器を装用して相手のことばを聞き分け，コミュニケーションを楽しむ。

（第3段階）
- ○ 23301　音源の方向を八方向に指さす。
- ○ 23302　コップの水入れや車の通過音などの連続音の高低の変化で状況を知る。
- ○ 23303　足音や泣き声などで状態を知る。
- ○ 23304　かんやビンをたたいて内部の状況を知る。
- ○ 23305　騒音の中で静止音や移動音の定位をする。
- ○ 23306　反射音や残響音などでその場の広さや特徴を知る。
- ○ 23307　補聴器を装用してかなり長い相手のことばも正確に聞き取り対応する。

（第4段階）
- ○ 23401　例えばモールス信号のような音の長短の組み合わせのパターンを知る。
- ○ 23402　車の通過速度を時速10 kmきざみ程度で理解する。
- ○ 23403　振動数と音との相関を知る。
- ○ 23404　エンジン音により車種の区別や作動状態の判断をする。
- ○ 23405　騒音の中から必要な手がかりを聞き分けて行動する。
- ○ 23406　模型や実物の触覚的観察と結びつけて「聴覚的風景」を描く。

（第5段階）
- ○ 23501　周波数変調装置の模擬音などで，自然音の周波数を分析的に聞き分ける。
- ○ 23502　「聴覚的風景」の中に車の移動音などを位置付けて描く。
- ○ 23503　音の速度，減衰，反射，回折，可聴範囲，波長，両耳性効果等を生活場面の中で知る。

(4) 味覚・嗅覚・皮膚感覚等による探索操作

（第1段階）
- ○ 24101　しゃぶったり，なめたりして感触を楽しむ。

- ◯ 24102　抱かれたり，なでられたりすることを好む。
- ◯ 24103　おいしいものの味を楽しむ。
- ◯ 24104　極度に熱いモノや冷たいモノに体を近づけない。
- ◯ 24105　まわっている扇風機等，危険なものに体を近づけない。
- ◯ 24106　香水などのいいにおいと排泄物などのくさいにおいの区別が分かる。
- ◯ 24107　食べ物と，ナフタリンなど口に入れられないモノとの違いがにおいで分かる。

(第2段階)
- ◯ 24201　においや味で腐ったモノと新鮮なモノとの区別が分かる。
- ◯ 24202　甘い，からい，にがい，すっぱいなどを区別してことばで表現する。
- ◯ 24203　焦げくささやガスくささ等で状態の変化が分かる。
- ◯ 24204　服の上からの接触でさわったモノの堅さやなめらかさなどが分かる。

(第3段階)
- ◯ 24301　よく知っているモノなら，そのモノのにおいをかぎ分ける。
- ◯ 24302　顔や体の向きを変えて，においの場所を特定する。
- ◯ 24303　椅子などの堅さ，なめらかさ，弾力などによって座り心地が分かる。
- ◯ 24304　海辺や山間など周囲の環境状況の違いで，においが違うことを知る。
- ◯ 24305　自分の好きな味や嫌いな味を自覚する。

(第4段階)
- ◯ 24401　においや味で薬品などの名前が分かる。
- ◯ 24402　調理の際，においや味の変化等も総合して出来具合いや状態を知る。
- ◯ 24403　人体に有害なものをにおいでかぎ分ける。
- ◯ 24404　気温や水温をおおよそ当てる。
- ◯ 24405　衣服の肌ざわりで繊維の違いが分かる。

(第5段階)
- ◯ 24501　その場にふさわしい方法でにおいをかぐ。
- ◯ 24502　各種の飲食物のそれぞれの持ち味を味わって食生活を楽しむ。
- ◯ 24503　嗅覚を有効に活用してモノや環境の状態，あるいは変化の様子などを知る。

(5) 足と全身の皮膚による探索操作

第1段階
- 25101　抱かれたり，なでられたりすることを好む。
- 25102　極度に熱いモノや冷たいモノに体を近づけない。
- 25103　まわっている扇風機などに体を近づけない。
- 25104　足の裏が接触した感覚で床や地面の状態や変化を知る。

第2段階
- 25201　靴をはいて芝生，砂利，コンクリート，砂地，泥，水たまりなどが分かる。
- 25202　扇風機などの風の方向が分かる。
- 25203　肌の感触で日なたと日陰が分かる。

第3段階
- 25301　椅子などの堅さ，なめらかさ，弾力などによって座り心地が分かる。
- 25302　風の方向や吹き方でその場の状況が分かる。
- 25303　気流や熱輻射線のかすかな変化でその場の状況を理解する。

第4段階
- 25401　気温や水温をおおよそ当てる。
- 25402　衣服の肌ざわりで繊維の違いが分かる。

第5段階
- 25501　各種の手がかりを組み合わせて総合的に場の状況や雰囲気が分かる。

3　行動の枠組みの形成と活用

(1)　モノの機能と質

第1段階
- 31101　動物と植物の区別がつく。
- 31102　知っているモノについては，それが食べられるモノかどうか分かる。
- 31103　よく知っているモノについては，それが何に使われるかが分かる。
- 31104　「かたい」と「やわらかい」，「大きい」と「小さい」，「ざらざら」と「すべすべ」等を対にしてその違いが分かる。
- 31105　二つの色を比べて，それが同じか違うかが分かる。

Ⅱ　各分野・領域ごとの行動要素とその活用

- ○ 31106　数個の基本的な立体（基本形態）の中から見本と同じ基本形態を探す。
- ○ 31107　丸・三角・四角などの基本的な形（基本形）の形はめをする。
- ○ 31108　線で描かれた基本形を見て，同じ形の面図形カードを重ねる。
- ○ 31109　いろいろなモノの輪郭をたどって描く。
- ○ 31110　示されたモデルを見て，積み木・ブロック・粘土などで同じ形を構成する。

（第2段階）

- ○ 31201　「かたい」と「やわらかい」，「大きい」と「小さい」，「ざらざら」と「すべすべ」等を対比して順序よく並べる。
- ○ 31202　生き物の動きや温かさで生きていることを知る。
- ○ 31203　それぞれの乗り物の役割が分かる。
- ○ 31204　ままごとの道具を通して台所用品や日用品の役割が分かる。
- ○ 31205　四季による自然界の色の変化を知る。
- ○ 31206　いろいろな形の輪郭をたどって描く。
- ○ 31207　積み木やブロック・粘土などを用いてモデルをまねして構成する。
- ○ 31208　基本形態（幾何学立体）を形に着目して仲間に分ける。
- ○ 31209　基本形（基本的な平面図形）を形に着目して仲間に分ける。

（第3段階）

- ○ 31301　種々の手がかりの組み合わせによって，モノの材質や材料，状態が分かる。
- ○ 31302　それぞれの店が何を売っているか分かる。
- ○ 31303　お金がどう使われるかなど金銭の役割が分かる。
- ○ 31304　衣服の役割を知る。
- ○ 31305　柿など，果物の色の変化によってその状態を知る。

（第4段階）

- ○ 31401　素早く正確に材質・材料・状態を当てる。
- ○ 31402　種々のモノの中から指定したモノを素早く正確に選び出す。
- ○ 31403　種々の手がかりの組み合わせによって，モノの状態や材質などが総合的に分かる。
- ○ 31404　いろいろなモノがそれぞれ何に役立つか分かる。
- ○ 31405　保有するすべての感覚を活用して周囲の状況を判断し適切な行動を取る。

第3　各分野・領域ごとの5段階「行動要素一覧」

【第5段階】
○ 31501　自然界の変化の状況を理解し，危険を察知する。
○ 31502　自然界の驚異に対応する身の処し方が分かる。

(2) 数量の概念の活用と時間的順序付け

【第1段階】
○ 32101　二つのモノの長さや高さなどが同じか違うか並べて比較する。
○ 32102　二つのモノの長さ・高さ・大きさなどの大小や多少を比較する。
○ 32103　二つの事柄の時間的順序の後と先が分かる。

【第2段階】
○ 32201　三つ以上のモノの大きさや量を比較し，順序よく配列する。
○ 32202　親指と薬指の指先の幅や歩幅などで長さや距離を測る。
○ 32203　背くらべなどで高さや深さを測る。
○ 32204　三つ以上の事柄の時間的経過の順序が分かる。
○ 32205　歩いた順序や指たどりの順序を積み木等で表現する。

【第3段階】
○ 32301　計器を用いて長さや重さ，距離等を測定する。
○ 32302　身体の一部などを用いて，長さや大きさ，厚みなどのおおよそを予測する。
○ 32303　二つの重さの比較を対象物の違いに即して適切に予測する。
○ 32304　動作や仕事と関連付けて，時間のおおよその経過が分かる。
○ 32305　歩行運動の軌跡等を平面上に表現する。

【第4段階】
○ 32401　各種の計器を用いて正確に素早く測定する。
○ 32402　長さ，厚さ，大きさ，重さ，時間などが比較的正確に予測できる。

【第5段階】
○ 32501　約束した時間と場所から，家を出発する時間を予測して行動する。
○ 32502　初めての場所でも，地図等を見て予定通り目的地に到着する。
○ 32503　乗り物の運行経路や時間等を勘案して，旅行計画を立てる。

Ⅱ　各分野・領域ごとの行動要素とその活用

(3) 空間の表象や概念の形成と活用

〔第1段階〕

○ 33101　自分の目・口・鼻・耳等を指さす。
○ 33102　自分の体の主な部分を言いながら指さす。
○ 33103　自己を中心に上下・前後・真横に体を動かしたり，その方向を指さしたりする。
○ 33104　入れ物の内と外が分かる。
○ 33105　円や前後・左右の直線を手でたどる。

〔第2段階〕

○ 33201　積み木などでT字・L字・十字などを作る。
○ 33202　自分の体の右と左がおおよそ分かる。
○ 33203　直線上に一点を置いた場合，前・中・後，左・中・右が分かる。
○ 33204　信号を見て安全に横断歩道を渡る。
○ 33205　自己を中心として右斜め前，右斜め後ろなど，45度の各方向が分かる。
○ 33206　人形を起点とした上下，左右，前後，右斜め前，左斜め前等の方向が分かる。
○ 33207　4個程度の積み木で表現した形の見本を見て，同じ形を表現する。
○ 33208　二つの基本形が重なった図形を見て，それぞれの基本形が分かる。
○ 33209　歩いた道順を積み木などで表現し，特徴のある店（部屋）などの通過点を特定する。
○ 33210　部屋に配置された家具などを模型や積み木などで表現する。
○ 33211　3～4個の玩具のブロック等で作成された見本を見て，同じ形を表現する。

〔第3段階〕

○ 33301　「左向け左」「まわれ右」「右折れ」「左折れ」などの指示通りに行動する。
○ 33302　右折れ，左折れに伴って90度・180度方向転換した際の位置関係の違いが分かる。
○ 33303　部屋に配置された家具などの位置関係を環境に対応しない状態でも表現する。
○ 33304　碁盤の目状にモノを並べた場合の縦横の関係をことばで表現する。
○ 33305　玩具のブロック等で作成されたかなり複雑な見本を見て，同じ形を表現す

○ 33306　平面上の空間に学校の周りの地理的環境を表現する。
〔第4段階〕
○ 33401　図形の拡大・縮小を行っても空間の枠組みは変わらないことが分かる。
○ 33402　生活空間における立体的な地理的環境を理解し，説明したり表現したりする。
○ 33403　空間の枠組みに時間と距離を加えて総合的に理解する。
〔第5段階〕
○ 33501　環境の中での自己の位置付けが移動時にも絶えず分かる。
○ 33502　時間と距離を考慮して旅行などの行程見積もりを立てる。

4　運動と姿勢

(1)　全身の運動と姿勢
〔第1段階〕
○ 41101　仰向けに寝ている状態でときどき左右に首の向きを変える。
○ 41102　膝を胸につけたり伸ばしたりする。
○ 41103　腹ばいで頭や胸を持ち上げる。
○ 41104　腹ばいで膝下を屈伸する。
○ 41105　床に横たわって，ごろごろころがる。
○ 41106　仰臥して足首を屈伸したり回したりする。
○ 41107　寝返りをする。
○ 41108　腹臥の姿勢から肘と膝をついて上体を持ち上げる。
○ 41109　腹臥の姿勢から上体を起こして座る。
○ 41110　モノにつかまって立つ。
○ 41111　安定した座位を保ちながら両手を前に伸ばしてモノをつかむ。
○ 41112　安定した座位を保ちながら体の前で両手を合わせたり手指で操作したりする。
○ 41113　座っているところに手をついて立ち上がる。
○ 41114　立って両手を上げる。

- ○ 41115　仰臥の姿勢から肘をついて起きる。
- ○ 41116　つたい歩きをする。
- ○ 41117　椅子の上から床に下りる。
- ○ 41118　体操などをまねて手や足や体をリズムに合わせて動かす。
- ○ 41119　立ち上がって，2・3歩ひとりで歩く。
- ○ 41120　ちょこちょことひとりで歩く。
- ○ 41121　100メートル以上をひとりで歩く。
- ○ 41122　少し高い敷居をまたいで歩く。
- ○ 41123　しゃがんで落ちているモノを拾う。
- ○ 41124　階段をはって上がる。
- ○ 41125　15〜20分程度歩く。
- ○ 41126　数十メートルの距離を走る。
- ○ 41127　大人の行っている体操をまねて手や足や体を動かす。
- ○ 41128　片手を支えられて階段を上がる。
- ○ 41129　つま先で歩く。
- ○ 41130　テーブルや椅子から飛び下りる。
- ○ 41131　机や椅子などの下に潜ったり，箱などに入って遊ぶ。
- ○ 41132　両足でぴょんぴょん跳ぶ。
- ○ 41133　低い鉄棒などにぶら下がる。
- ○ 41134　ひとりで滑り台ですべる。
- ○ 41135　ひとりで階段を上り下りする。
- ○ 41136　体のいろいろな部位に手指が届く。
- ○ 41137　ブランコに乗って楽しむ。
- ○ 41138　三輪車をこぐ。

（第2段階）

- ○ 41201　でんぐり返しをする。
- ○ 41202　片足でつま先立ちやかかと立ちをする。
- ○ 41203　けんけんぱあ，スキップ，ギャロップなどをする。
- ○ 41204　「ヨーイドン」の合図で走りはじめる。
- ○ 41205　両足跳びや片足跳びをする。

- ○ 41206　動物のまねをして四つんばいや横歩きをする。
- ○ 41207　膝に手を置き，中腰の姿勢を保つ。
- ○ 41208　けんけんしながら手をたたく。
- ○ 41209　鉄棒や雲梯などにぶら下がる。
- ○ 41210　幼児用トランポリンの上で跳ぶ。
- ○ 41211　補助輪付きの自転車に乗る。

【第3段階】

- ○ 41301　長なわで大波小波をする。
- ○ 41302　右向け右，まわれ右などを正確にする。
- ○ 41303　腕立てふせやうさぎ跳びをする。
- ○ 41304　馬跳びをする。
- ○ 41305　補助輪なしの自転車に乗る。
- ○ 41306　3〜4メートル離れてキャッチボールをする。
- ○ 41307　中腰でいろいろな運動をする。
- ○ 41308　トランポリンで立ち跳びをする。
- ○ 41309　タイヤころがしや輪まわしをする。
- ○ 41310　なわ跳びでいろいろな跳び方をする。
- ○ 41311　平衡台の上で前進・後進・方向転換などをする。
- ○ 41312　バランスボールでいろいろな運動をする。
- ○ 41313　頭の上に箱などをのせて落とさないで歩く。
- ○ 41314　自己の障害の状態を改善するために必要な補助具や自助具を知っている。

【第4段階】

- ○ 41401　パンチボールなどをたたく。
- ○ 41402　壁を手のひらで押したり突いたりする。
- ○ 41403　四つんばいで指頭とつま先で歩く。
- ○ 41404　仰臥して足の裏で壁などを押したり交互にたたいたりする。
- ○ 41405　両手で片膝をかかえて足ずもうをする。
- ○ 41406　モノを入れた箱などを頭の上にのせて落とさないように歩く。
- ○ 41407　自己の障害の状態を改善するために必要な補助具や自助具を使う技術を身に付けている。

第5段階

- ◯ 41501　各種の運動を組み合わせて巧みに行う。
- ◯ 41502　各種の運動を安全に素早く行う。
- ◯ 41503　いろいろな運動を美しく行う。
- ◯ 41504　自己の障害の状態を改善するために必要な補助具や自助具を日常的に使用している。

(2) 上肢の運動機能

第1段階

- ◯ 42101　肘の屈伸をする。
- ◯ 42102　手を握ったり開いたりする。
- ◯ 42103　手のひらや握りこぶしでテーブルなどをたたく。
- ◯ 42104　自分の手で鼻や耳などをつまむ。
- ◯ 42105　手のひらを口にあて「アワワ」をする。
- ◯ 42106　スポンジなどを握る。
- ◯ 42107　親指と他の四指を向き合わせていろいろなモノをつかむ。
- ◯ 42108　四指を握って親指を動かす。
- ◯ 42109　前腕を内外にまわす。
- ◯ 42110　親指を曲げて他の四指を握ったり開いたりする。
- ◯ 42111　人さし指と中指，または人さし指と親指で「チョキ」をつくる。
- ◯ 42112　上肢を肩を中心に自由に振りまわす。
- ◯ 42113　手首を屈伸したり，まわしたりする。
- ◯ 42114　ひもで固結びをする。
- ◯ 42115　箸を使って食べ物を挟む。
- ◯ 42116　指を1本ずつ順番に曲げる。
- ◯ 42117　指を1本ずつ順番に伸ばす。
- ◯ 42118　手首・肘・肩を自在に動かす。

第2段階

- ◯ 42201　両手を首の後ろにまわして指を組み合わせる。
- ◯ 42202　上肢を上から後ろにまわして背中をかく。

- ◯ 42203　フィンガーペイントをする。
- ◯ 42204　ボールなどを上手投げで投げる。
- ◯ 42205　ハンドル・サイレン・鉛筆けずり器などをまわす。
- ◯ 42206　親指と他の指とではじき合う。
- ◯ 42207　5本の指頭でタッピングをする。
- ◯ 42208　まりつきをする。
- ◯ 42209　左右交互に「グー」「パー」の形で手をたたく。

第3段階

- ◯ 42301　上肢を後ろにまわして指頭で背中を押す。
- ◯ 42302　2本または1本の指でタッピングをする。
- ◯ 42303　指ずもうをする。
- ◯ 42304　数人で両手のリズム遊びをする。
- ◯ 42305　ハンカチ取りやタオルまわしをする。
- ◯ 42306　握りこぶしや指でテーブルをたたいて電車の音を出す。
- ◯ 42307　棒の先で玉ころがしをする。
- ◯ 42308　左右交互に「グー」「パー」の形で同時に机などをたたく。

第4段階

- ◯ 42401　グラインダーや石うすなどを回す。
- ◯ 42402　ひもなどを指に引っかけて引っぱる。
- ◯ 42403　上肢内外旋運動器を用いて運動する。
- ◯ 42404　打叩度数計を用いてタッピングをする。

第5段階

- ◯ 42501　各種の上肢運動を素早く行う。
- ◯ 42502　力を要する各種の上肢運動を持続して行う。

(3) 作業時と座位における姿勢

第1段階

- ◯ 43101　足を前に出し，膝を軽く曲げて座る。
- ◯ 43102　足を伸ばして座る。
- ◯ 43103　あぐらをかいて座る。

Ⅱ 各分野・領域ごとの行動要素とその活用

- ○ 43104　椅子に乗せてもらって腰かける。
- ○ 43105　自分で椅子に腰かける。

〔第2段階〕
- ○ 43201　尻を背もたれにつけて深く座る。
- ○ 43202　背筋を伸ばして胸を張って座る。
- ○ 43203　腰をかけたり座ったりして作業をする。
- ○ 43204　柱に尻をつけて正座して座る。
- ○ 43205　箱などを頭にのせて落さずに座ったり腰かけたりする。

〔第3段階〕
- ○ 43301　自然な姿勢で長時間座ったり腰かけたりする。
- ○ 43302　腰かけたり座ったりして長時間本を読んだり文字を書いたりする。
- ○ 43303　机の上の材料や道具を適切な場所に置いて作業をする。
- ○ 43304　背もたれのない椅子に自然な姿で腰かける。
- ○ 43305　座位の姿勢で各種の体操をする。

〔第4段階〕
- ○ 43401　自分に合った椅子を選んで腰かける。
- ○ 43402　パソコンなどが使いやすい高さの机を選んで作業をする。
- ○ 43403　姿勢をくずさずにくつろいで長時間座ったり腰かけたりする。

〔第5段階〕
- ○ 43501　各種の作業に適した姿勢をとる。

5　移動とその手段

(1) 介添による移動

〔第1段階〕
- ○ 51101　両手をつかまえてもらって立つ。
- ○ 51102　両手をつかまえてもらって歩く。
- ○ 51103　片手をつかまえてもらって歩く。
- ○ 51104　家の中や家の周りなど，よく知っている場所の状況を理解しながら介添者と歩く。

- ○ 51105　介添者の見守る中，壁面などに両手でつかまって横ばいで歩く。
- ○ 51106　介添者の見守る中，壁面などを片手でつかまって伝い歩く。
- ○ 51107　介添者の指や服などにつかまって歩く。

（第2段階）

- ○ 51201　介添者の指や手首などにつかまってリズミカルに歩く。
- ○ 51202　介添者と共に砂利道・芝生・土などの状況を理解しながら歩く。
- ○ 51203　足の裏の材質，傾斜の変化等でここがどこの場所か介添者に話しながら歩く。
- ○ 51204　介添者と手をつなぐなどして歩調をそろえて歩く。

（第3段階）

- ○ 51301　介添者にお礼のことばを言う。
- ○ 51302　介添者の肘の動きで半歩前の路面の様子を知り，それを介添者に話しながら歩く。
- ○ 51303　保有する感覚を活用して周囲の状況を理解しながら介添者と共に歩く。
- ○ 51304　歩道と車道，横断歩道と信号機等の役割を理解しながら介添者と共に歩く。
- ○ 51305　歩行補助具を有効に活用して，介添者と共に安定して歩く。

（第4段階）

- ○ 51401　必要な場合には，近くの人に介添の依頼をし，事後にお礼を言う。
- ○ 51402　交通機関の乗り降りやエスカレーターの昇降が介添者と軽快にできる。
- ○ 51403　介添者と共に，自分の歩いている場所や位置を保有感覚の活用によって理解しながら歩く。
- ○ 51404　凸凹した道や砂利道などでも介添者の肘・肩・背中などにつかまりながら安定して歩く。
- ○ 51405　人混みの中でも介添者と共に安定して歩く。

（第5段階）

- ○ 51501　道で依頼した介添者によりよき介添の方法を依頼する。
- ○ 51502　目的地までの行程において，介添が必要な場所を事前に想定して電話等でその依頼を行う。

(2) 目的単独移動

第1段階
- 52101 寝返りや肘ばい等で動く。
- 52102 様々な方法で室内のいろいろな場所まで自力で移動する。
- 52103 音源などの目印に向かって移動する。
- 52104 よく知っている室内なら，必要な場所までスムーズに移動して目的を果たす。

第2段階
- 52201 自宅の部屋から部屋へと自由に移動する。
- 52202 自宅の中では，様々なところに移動して目的を果たす。

第3段階
- 52301 地図で確認した後，校内の目的地まで移動し，また出発点まで帰ってくる。
- 52302 最短コースや安全なコースを通って校内の目的地まで往復する。

第4段階
- 52401 近所のよく知っている場所に行くとき，安全なコースを選び用事を済ます。
- 52402 交通機関を利用して通いなれたコースを往復する。
- 52403 学校や家の近所の地図を見て目的地に移動する。
- 52404 交通規則を守って目的地まで移動する。

第5段階
- 52501 最短距離で目的地に行く。
- 52502 適切なコースや時間を考慮して目的地に行く。
- 52503 道路の状況に応じ，適切なコースを選ぶ（安全面・交通量・時間帯・工事の状況）。
- 52504 交通機関を利用して目的地に行く（バス・電車・タクシー・船・乗り継ぎ等）。
- 52505 地図を活用して能率的に目的地まで移動する。
- 52506 初めての場所に行くときや迷ったときなどは通行人などに尋ねながら目的地に行く。
- 52507 距離や時間を考慮して目的地までの移動計画を立てる。

(3) 移動に必要な補助具の活用

第1段階
- 53101　幼児用歩行器等を用いて移動する。
- 53102　手押し車や乳母車などを押して歩く。
- 53103　介添者と共に手動車椅子に乗って移動する。
- 53104　補装具を着けて歩く。

第2段階
- 53201　スクーターボード等を用いて移動する。
- 53202　両手で車椅子を操作して移動する。
- 53203　車椅子にひとりで移乗する。
- 53204　松葉杖やクラッチ等の歩行補助具を用いて歩く。

第3段階
- 53301　等速，加速，減速移動をリズミカルにする。
- 53302　前面の障害物を避けたり手前の一定距離で止まる。
- 53303　危険に際して急停止する。
- 53304　環境状況を確かめながらスムーズに移動する。
- 53305　白杖や補助杖の基礎的操作法を身に付ける。
- 53306　補装具を装着してスムーズに歩く。

第4段階
- 53401　白杖のいろいろな操作法や活用法を身に付けて安全で能率的な歩行技術を体得する。
- 53402　電動車椅子等の操作方法を身に付けて，安全で能率的な移動を行う。

第5段階
- 53501　状況に合った白杖の応用的な使い方をする。
- 53502　自己の障害の状況や歩行補助具の活用状況等を勘案し，状況に応じた歩行コースを選択する。

(4) 移動環境の関係的理解

第1段階
- 54101 壁などを手がかりにまっすぐ歩いたか曲がったか等の歩行軌跡を理解する。
- 54102 積み木等を並べて歩いた順序や軌跡を表現する。

第2段階
- 54201 通過点の順序を表現する。
- 54202 L字・コの字のコースの確認とその表現をする。
- 54203 廊下のT字・十字等の形を理解し，それを表現する。

第3段階
- 54301 室内の机や用具の位置を模型や積み木等で表現する。
- 54302 校内の廊下と部屋の配列を模型や積み木等で表現する。
- 54303 学校や家の周囲の建造物等の位置関係を模型や積み木等で表現する。
- 54304 必要な標識だけを残して他は省略して表現する。
- 54305 長さや大きさや面積の違いを表現する。
- 54306 積み木などで建物の高さの違いを表現する。
- 54307 環境に対応した表現だけでなく，自己を基準としたり，方位を基準としたりした表現をする。
- 54308 建物，道路，車の関係を模型や積み木で表現する。

第4段階
- 54401 よく利用する道路の状況を理解する。
- 54402 交通規則と車の流れなどの関係を理解する。
- 54403 よく利用する道路の周囲の状況や活用可能な公衆トイレ等を理解する。
- 54404 頭の中で地図を描き，自己の歩行に必要なものを組み込む。
- 54405 よく利用する駅やデパートなどの構造を理解する。
- 54406 郷土の地形や町のつくり，交通などを立体地図や模型で理解する。

第5段階
- 54501 目的地までの道順をルートマップに書いて問題点等を整理し，対応策を考える。
- 54502 交通機関の所要時間や移動速度を考慮して適切な移動計画を立てる。

○ 54503　時刻表や地図を利用するなどして旅行計画を立てる。

6　日常生活基本動作

(1)　食事

第1段階

○ 61101　哺乳ビン等を使ってお乳やジュースなどを上手に飲む。
○ 61102　哺乳や食事を規則正しい間隔で摂取する。
○ 61103　スプーンでジュースなどを口に運ぶと上手に飲む。
○ 61104　ビスケットなどを自分で持って食べる。
○ 61105　コップなどを自分で持って飲む。
○ 61106　自分でさじを持ってすくって食べる。
○ 61107　キャラメルの包み紙・みかん・バナナの皮をむいて食べる。
○ 61108　ストローを使って上手に飲む。
○ 61109　「いただきます」「ごちそうさま」の挨拶をする。
○ 61110　スプーンと茶わんを両手で持って食べる。
○ 61111　箸を使って食べる。
○ 61112　食卓で自分のモノと他人のモノとの区別がつく。
○ 61113　家族の茶わんや箸などを知っていて並べる。
○ 61114　ほとんどこぼさずに食べる。
○ 61115　おかずとごはんを交互に食べる。
○ 61116　極端な偏食は見られず，ほとんどの食べ物を食べる。

第2段階

○ 61201　ほとんど世話をかけないで，ひとりで食べる。
○ 61202　上手に箸を使って食べる。
○ 61203　間食を規則正しくする。
○ 61204　調理の種類を10種類ぐらい知っている。
○ 61205　ブドウや柿などの種を口の中で上手により分けて食べる。
○ 61206　スイカやウリなどを上手に食べる。
○ 61207　シュークリームなどを上手に食べる。

- ○ 61208 　パンなどを小さくちぎって食べる。
- ○ 61209 　割り箸を上手に割る。

（第3段階）

- ○ 61301 　献立によって，箸やスプーンなどを使い分ける。
- ○ 61302 　こぼしたら後始末をする。
- ○ 61303 　各種の容器にお茶などをつぐ。
- ○ 61304 　食べ物を口いっぱいにほおばったり，音をたてたりして食べない。
- ○ 61305 　骨や貝殻をより分けて食べる。
- ○ 61306 　骨付きの肉などを上手に食べる。
- ○ 61307 　食事中の姿勢に気をつけて，見苦しくない食べ方を意識する。
- ○ 61308 　自分の適量を心得て食べる。
- ○ 61309 　献立や配膳について尋ねたり確かめたりする。
- ○ 61310 　ご飯や汁などを自分でつぐ。
- ○ 61311 　生卵を割って食べる。
- ○ 61312 　壊れやすい食器を丁寧に扱って後片づけをする。

（第4段階）

- ○ 61401 　初めての場所でも，食卓や食堂の全体像と場の雰囲気を把握する。
- ○ 61402 　食事中の会話を考えて楽しい雰囲気をつくる。
- ○ 61403 　食事の簡単な準備や後片づけをする。
- ○ 61404 　りんごやなしの皮をむいたり，芯を取ったりして食べる。
- ○ 61405 　調味料や香辛料を好みに合わせて組み合わせて使用する。
- ○ 61406 　栗や桃などの皮を上手にむいて食べる。
- ○ 61407 　夏みかんなどの皮を切れ目をつけてむく。
- ○ 61408 　夏みかんなどの中袋をむいて中をきれいに取り出す。

（第5段階）

- ○ 61501 　洋食や中華料理などの食べ方やマナーを心得て食べる。
- ○ 61502 　食器の準備や後片づけをする。
- ○ 61503 　栄養のバランスを考えて食べる。
- ○ 61504 　レシピを見るなどしていろいろな料理を作る。
- ○ 61505 　調理を考えて材料の買い物をする。

(2) 排泄

第1段階

- ○ 62101　オムツに大・小便をした後に泣くなどして知らせる。
- ○ 62102　オムツに大・小便を規則的にする。
- ○ 62103　オムツに大・小便をした後で身ぶりや表情で知らせる。
- ○ 62104　大・小便の前に間違いなく知らせる。
- ○ 62105　誰かついていけば大・小便をひとりでする。
- ○ 62106　便器をひとりでまたぐ。
- ○ 62107　昼間はおしっこを漏らさない（昼間はおしめがいらなくなる）。
- ○ 62108　パンツを取ってやれば大・小便をひとりでする。

第2段階

- ○ 62201　夜はおむつがいらない。
- ○ 62202　小便を完全にひとりでする（男児は立ったままで小便をする）。
- ○ 62203　遊びに夢中になっていても粗相をしない。
- ○ 62204　大便を完全にひとりでする（便器のふたの確かめ，備え付け紙での後始末，水を流す等）。

第3段階

- ○ 62301　トイレを汚さないで使用する。

第4段階

- ○ 62401　常用していない便器でも上手に使用する。
- ○ 62402　トイレを汚したら自分で後始末をする。

第5段階

- ○ 62501　便所の掃除を隅々までする。

(3) 着脱と着こなし

第1段階

- ○ 63101　脱いだり着たりするとき協力する。
- ○ 63102　手袋やソックスを引っぱって脱ぐ。

- 63103　スナップをはずす。
- 63104　帽子をかぶる。
- 63105　手伝ってやればひとりで脱ぐ。
- 63106　簡単な靴を自分ではいたり脱いだりする。
- 63107　特定の衣服に対する極端な愛着は示さない。
- 63108　ひもの結び目をほどいて服を脱ぐ。
- 63109　手伝ってやれば自分で着る。

（第2段階）
- 63201　上着の前のボタンをかける。
- 63202　ソックスをひとりではく。
- 63203　衣服を完全にひとりで脱ぐ。
- 63204　衣服の前で固結びをする。
- 63205　複雑でないものは完全にひとりで着る。
- 63206　衣服を決まった場所から取り出して着る。
- 63207　脱いだモノはひとまとめにして分かりやすい場所に置く。

（第3段階）
- 63301　素早く着脱する。
- 63302　洋服や着物のひもを蝶結びにする。
- 63303　衣服を簡単にたたむ。
- 63304　汚れた衣服は着ない。
- 63305　衣服を決まった場所にしまう（衣服の分類，ハンガーの使用など）。
- 63306　ハンカチやふろしきを上手に折りたたむ。

（第4段階）
- 63401　色や形を考えて洋服を選ぶ。
- 63402　服装全体の調和を考えて洋服を選ぶ。
- 63403　靴・オーバー・帽子などにネームテープで名前を付ける。

（第5段階）
- 63501　自分に合う服装と合わない服装が分かる。
- 63502　下着と上着の組み合わせを考えて着る。
- 63503　TPOを心得てネクタイを着けたりアクセサリーを着けたりする。

○ 63504　場に応じた服装を選ぶ。

(4) 清潔と身繕い

第1段階
○ 64101　ひとりで手を洗う。
○ 64102　飲み込まないでブクブクやガラガラをする。
○ 64103　不完全ながら歯みがきが習慣になってくる。
○ 64104　ひとりで髪をとかす。

第2段階
○ 64201　入浴のとき，前の部分は自分で洗う。
○ 64202　トイレの後や食事の前に手を洗う。
○ 64203　ティッシュペーパーで鼻をかむ。
○ 64204　外出から帰ってきたときや就寝前にはうがいをする。
○ 64205　外出・運動・作業などの後には手を洗う。
○ 64206　ひとりで顔を洗ってふく。
○ 64207　入浴後は自分でタオルなどで体をふく。
○ 64208　きれいに歯をみがく。
○ 64209　ごみを散らかさずに決められた場所に捨てる。

第3段階
○ 64301　ソックスやハンカチなどを自分で洗濯する。
○ 64302　入浴のとき全身を自分で洗う。
○ 64303　頭を自分で洗う。

第4段階
○ 64401　自分でつめを切る。
○ 64402　耳かきを使って自分の耳をきれいにする。
○ 64403　下着を手もみで洗濯する。
○ 64404　ハンカチなど簡単なものにアイロンをかける。
○ 64405　靴をみがく。
○ 64406　洗濯機を使って洗濯する。
○ 64407　洗濯したモノを上手に干す。

- ○ 64408　乾いた洗濯物を上手にたたむ。
- ○ 64409　掃除機を使って部屋の隅々まで掃除する。

【第5段階】
- ○ 64501　ズボンやスカートなどのプレスをする。
- ○ 64502　安全かみそりなどでひげを剃る。
- ○ 64503　髪の毛や肌の手入れをする。
- ○ 64504　身だしなみとしての清潔に注意する。

(5) 睡眠

【第1段階】
- ○ 65101　添寝なしでも寝る。
- ○ 65102　昼と夜の区別をする（夜寝て昼間に活動する）。
- ○ 65103　夜泣きをしない。
- ○ 65104　睡眠と覚醒のリズムが整っている。

【第2段階】
- ○ 65201　就寝の挨拶をする。
- ○ 65202　昼寝をほとんどしない。
- ○ 65203　ひとりで寝に行く。
- ○ 65204　ひとりで寝まきに着がえる。
- ○ 65205　言われなくても小便に行ってから休む。
- ○ 65206　就寝と起床を規則正しくする。

【第3段階】
- ○ 65301　昼間に十分活動して，夜ぐっすり休む。
- ○ 65302　布団をたたんで押入れに入れる（起床時に自分のベッドをきれいに整える）。
- ○ 65303　布団を敷く（ベッドを整える）。
- ○ 65304　シーツやカバーなどを着ける（汚れたモノと清潔なモノの区別をする）。

【第4段階】
- ○ 65401　自分で掛け布団を調節するなどして寝冷えをしないようにする。
- ○ 65402　自分に合った枕を選ぶ。

【第5段階】
○ 65501　寝具を干すなどして清潔に気をつける。

(6) 整理整頓
【第1段階】
○ 66101　積み木や玩具の片づけを手伝う。
○ 66102　絵本・玩具・お菓子などがどこにしまってあるか分かる。

【第2段階】
○ 66201　玩具など自分のモノと他人のモノとの区別がつく。
○ 66202　積み木や玩具などで遊んだ後はもとの場所へ片づける。
○ 66203　靴などを玄関でそろえて脱ぐ。
○ 66204　自分の持ち物がどこにあるか分かる。
○ 66205　自分の持ち物は大まかながら自分で片づける。

【第3段階】
○ 66301　下駄箱・ロッカー・棚などの決められた位置に持ち物を整理する。
○ 66302　ノートやカードなどを分類して整理する。

【第4段階】
○ 66401　帽子・靴・オーバー・傘などを自分で分かるところに置き，大勢の中でも素早く見つける。
○ 66402　整理ダンスを着衣の順序や季節を考えて合理的に整理する。
○ 66403　本の種類などを考えて本棚を整理する。
○ 66404　紙幣の種類等が分かりやすいように財布の中を整理する。
○ 66405　掃いたり，ふいたり，整頓したりして部屋の中を掃除する。
○ 66406　花や絵などを飾るなどして，部屋を気持ちの良い場所にする。

【第5段階】
○ 66501　洋服ダンスの中の衣服を用途や季節等を考えて整理する。
○ 66502　押入れや物置などを季節の用途などを考えて整理する。
○ 66503　室内の家具を使いやすさや空間を考えて合理的に配置する。
○ 66504　住所録・電話番号簿・手紙などを分類整理する。
○ 66505　棚や戸棚の食器や日用品を安全や使いやすさを考えて整理する。

○ 66506　冷蔵庫の棚など，食品の性質や使う順序を考えて整理する。
○ 66507　食品・薬品・毒物など明確に分類して整理する。

7　作業基本動作

(1)　作業の基本技能

〔第1段階〕

○ 71101　手にふれたモノを握ったり，手に持ったモノを手放したりする。
○ 71102　ガラガラなどを振る。
○ 71103　玩具に手を伸ばしてつかむ。
○ 71104　玩具を一方の手から他方の手に持ちかえる。
○ 71105　水・各種溶液・砂などの中で指を動かす。
○ 71106　両手に持っているモノを打ち合わす。
○ 71107　紙などをこまかくちぎる。
○ 71108　玩具などを引っぱったり，玩具の自動車などを押したりする。
○ 71109　ビンのふたなどをねじって開けたり閉めたりする。
○ 71110　ビーズなどをつまむ。
○ 71111　箱の中からモノを取り出したり入れたりする。
○ 71112　積み木などを箱の中に入れて振る。
○ 71113　積み木などを二つ三つ積み重ねる。
○ 71114　本のページをめくる。
○ 71115　クレヨンなどを握って線を描く。
○ 71116　コップからコップに水などを移す。
○ 71117　包みをほどいて品物を取り出す。
○ 71118　いろいろなモノを紙や布につつむ。
○ 71119　玩具の電話機のダイヤルをまわす。
○ 71120　フロアーカーを引っぱったり，人を乗せた遊具を押したりする。
○ 71121　クレヨンなどで顔らしきものを描く。
○ 71122　ひもスイッチなどを引っぱって電気などをつけたり消したりする。
○ 71123　障子やふすまの開閉をする。

- ○ 71124　取っ手をまわしてドアを開閉する。

(第2段階)
- ○ 71201　粘土で板や棒や球をつくる。
- ○ 71202　ペグさし（木釘立て）などをする。
- ○ 71203　ひもを棒などに巻きつける。
- ○ 71204　リングを棒にさす。
- ○ 71205　紙を折ったり円筒を作ったりする。
- ○ 71206　粘土の作品などを壊さないようにつまんだり持ったりする。
- ○ 71207　生たまごなどをつぶさないように握る。
- ○ 71208　ビニール製のバットや紙筒などを上手に振る。
- ○ 71209　ハンドルなどをまわす。
- ○ 71210　ぞうきんやタオルなどを絞る。
- ○ 71211　ひもを固結びする。
- ○ 71212　呼び鈴やボタンスイッチを押す。
- ○ 71213　スイッチを倒して電源などを入れたり切ったりする。

(第3段階)
- ○ 71301　箱などにひもをかけて結ぶ。
- ○ 71302　テーブルの足や輪投げの棒などをねじこんだり，はずしたりする。
- ○ 71303　ビーズなどを針金やひもに通す。
- ○ 71304　重ねた紙を上手にめくって数える。
- ○ 71305　セロファンなど重なった中から1枚を取り出す。
- ○ 71306　ピアノ，オルガン，そろばんなどで，両手の指を上手に動かす。
- ○ 71307　紙を折って封筒に入れる。
- ○ 71308　各種の鍵のかけはずしをする。
- ○ 71309　ダイモテープ等のカバーをはずして貼る。
- ○ 71310　ポールなどを穴に差しこんで立てる。

(第4段階)
- ○ 71401　折りたたみ式の傘を上手に開いたり，たたんだりする。
- ○ 71402　10kg以上の重さの荷物を提げて運ぶ。
- ○ 71403　柱やクイなどを穴を掘って立てる。

Ⅱ　各分野・領域ごとの行動要素とその活用

【第5段階】
○ 71501　各種の基本作業を組み合わせて巧みに操作する。
○ 71502　各種の基本作業を素早く行う。
○ 71503　力を要する各種の作業を持続して行う。

(2) 道具と接着材料等の活用技能

【第1段階】
○ 72101　マジックテープをはずしたり，つけたりする。
○ 72102　スナップ，ジッパー，ボタンなどをはずす。
○ 72103　バチで太鼓をたたく。
○ 72104　丸めたボール紙などでモノをたたく。

【第2段階】
○ 72201　スナップ，ジッパー，ボタンなどをはめる。
○ 72202　木槌でモノをたたく。
○ 72203　輪ゴムでモノを留める。
○ 72204　はさみで簡単な形を切り抜く。
○ 72205　セロハンテープで紙などを貼る。
○ 72206　数枚の紙をホッチキスで留める。
○ 72207　はさみとのりで簡単なモノを作る。
○ 72208　小さなシャベルで砂や土に穴を掘る。
○ 72209　鉛筆やクレパス等を用いて紙に線などを描く。
○ 72210　蝶結びをほどく。
○ 72211　各種のひもで固結びをする。

【第3段階】
○ 72301　のりや接着剤で目的に沿って木製ブロックや紙などをつなぐ。
○ 72302　バンドをはめたり，はずしたりする。
○ 72303　各種のひもで蝶結びをする。
○ 72304　箱などにひもをかけて固結びや蝶結びをする。
○ 72305　固結びをほどく。
○ 72306　はちまきを頭に結ぶ。

- ◯ 72307　ボルトとナットなどを手で締める。
- ◯ 72308　ふろしきでモノを包む。
- ◯ 72309　金鎚で釘を打つ。
- ◯ 72310　かぎホックをはずしたり，つけたりする。
- ◯ 72311　安全ピンをはずしたり，つけたりする。
- ◯ 72312　靴ひもを取りつけて結ぶ。
- ◯ 72313　ノコギリで木を切る。
- ◯ 72314　ハンドル式の氷かきで氷を削る。
- ◯ 72315　ものさし等を用いて線を引いたりモノをかたどって描いたりする。
- ◯ 72316　スコップで穴を掘る。

（第4段階）
- ◯ 72401　マッチで火をつける。
- ◯ 72402　ナットまわしやネジまわしを使ってナットやネジを締める。
- ◯ 72403　スパナを使ってナットを締める。
- ◯ 72404　ナイフで木を削る。
- ◯ 72405　コンパスで円を描く。
- ◯ 72406　糸やひもの先端を丸めて結ぶ。
- ◯ 72407　カンナで木を削る。
- ◯ 72408　糸で固結びや蝶結びをする。
- ◯ 72409　糸ノコで木を切る。
- ◯ 72410　彫刻刀を使って細工をする。
- ◯ 72411　包丁で野菜などを刻む。
- ◯ 72412　ナタと金鎚を使って竹などを割る。

（第5段階）
- ◯ 72501　ノミと金鎚を使って木を彫る。
- ◯ 72502　電気ドリルで金属に穴をあける。
- ◯ 72503　ハンダごてや電気熔接で金属をつなぐ。
- ◯ 72504　小包や段ボールなどの荷づくりをする。

Ⅱ　各分野・領域ごとの行動要素とその活用

(3) 作業における構想と手順の見積もり

【第1段階】
- ○ 73101　頼まれたモノを持って行ったり，持って来たりする。
- ○ 73102　自分で思ったところへモノを運ぶ。
- ○ 73103　始めた仕事は続けてやる。
- ○ 73104　予定した簡単な二つの仕事を順にやる。

【第2段階】
- ○ 73201　粘土を用いて，ひねり出しや部品の組み合わせでいろいろなモノを作る。
- ○ 73202　大きい積み木から順に積み上げる。
- ○ 73203　順序を考えて飛行機や舟などを紙で折る。
- ○ 73204　予定した三つ程度の作業を順にやる。

【第3段階】
- ○ 73301　見本を見て手順を考えながらブロックでいろいろなモノを作る。
- ○ 73302　ブロックや組み木など各種の構造玩具を用いて，自由発想にもとづき，いろいろなモノを作る。
- ○ 73303　簡単な模型を手順を追って作る。
- ○ 73304　折り紙で順序どおり風船や鶴などを折る。
- ○ 73305　箱などを大きさや形の見通しを立てて作る。
- ○ 73306　粘土などであらかじめ構想を立てモノを作る。
- ○ 73307　紙面にあらかじめ予定した図を描く。
- ○ 73308　いろいろな材料でいくつかの部品を作り，最後に全体をまとめて構成する。
- ○ 73309　簡単なプラモデルを組み立てる。
- ○ 73310　本を見て，それをノートなどに写す。
- ○ 73311　小鳥や犬などの世話をする。
- ○ 73312　花や野菜などを季節に応じて植えて世話をする。

【第4段階】
- ○ 73401　のり代を考慮した設計をして箱などを作製する。
- ○ 73402　遠足や旅行に必要な持ち物を考えてそろえる。
- ○ 73403　簡単なひとまとまりの作業を見積もって予定通り終了する。
- ○ 73404　二つぐらいのまとまりのある作業の所要時間を見積もって，予定通り終了

- ○ 73405　作業の途中で進行状態を点検し終了時間を修正する。
- ○ 73406　プラモデルの設計図を見て，順序よく組み立てる。
- ○ 73407　洗濯機で洗濯しながら掃除や片づけなどの仕事をする。
- ○ 73408　湯沸かし・ご飯たき・皿洗いなど，簡単な炊事を並行して行う。
- ○ 73409　工作などを行う際，まず構想を立て，それを紙に書いてから作業に取りかかる。
- ○ 73410　家畜や農作物など好結果を得るように工夫して育てる。

(第5段階)
- ○ 73501　設計図や配線図を見て部品を組み立てて完成させる。
- ○ 73502　設計図通りの部品を集めたり，作ったりして完成させる。
- ○ 73503　構想に基づいて設計図を描き完成させる。
- ○ 73504　作業の流れ図に沿って段取りを組み作業を行う。
- ○ 73505　作業の手順を見積もり，流れ図を描いて作業を行う。
- ○ 73506　食事の時間までにすべての準備を完了するように調理を行う。
- ○ 73507　お客の応対で茶菓の用意をしながら会話をするなど多くの作業を並行して自然に行う。
- ○ 73508　学習，作業，遊びなど一日の計画を立て，予定通り行う。
- ○ 73509　数日を要する作業の見積もりを立て，予定通り行う。
- ○ 73510　飼育，栽培など長期を要する作業の計画を立て，並行して行う。
- ○ 73511　夏休みなどの生活計画を立て，予定した課題を果たす。

(4) 共同作業

(第1段階)
- ○ 74101　友だちと乗り物ごっこやままごと遊びをする。
- ○ 74102　電話ごっこで交互に話して遊ぶ。

(第2段階)
- ○ 74201　砂場で数人と協力して山をつくったりトンネルを掘ったりする。
- ○ 74202　鬼ごっこやかくれんぼを数人でして遊ぶ。
- ○ 74203　お店ごっこなど組織だった「ごっこ遊び」を数人でして遊ぶ。

(第3段階)
- 74301 給食の準備や後片づけ，教室の掃除などの作業を分担して行う。
- 74302 学級の係活動など，自分の仕事を責任をもって行う。
- 74303 あやとりやリレー童話などを数人で次々にリレーして作品として完成させる。
- 74304 教室の整理や掃除などを数人で協力して能率よく行う。

(第4段階)
- 74401 机や椅子などを数人で次々にリレーして運ぶ。
- 74402 係活動や奉仕活動などをグループで話し合って責任を持って行う。
- 74403 数人で力を合わせてリヤカーや手押し車などでモノを運ぶ。
- 74404 数人でプラモデルなどを作る際，各々で部品を作った後にそれを組み立てて完成させる。

(第5段階)
- 74501 流れ作業をする際，作業の速度やタイミングを考えて行う。
- 74502 リーダーとなって作業の進め方・手順・分担・所要時間などの構想を立てて実施する。

8 意思の相互伝達と社会性

(1) 対話

(第1段階)
- 81101 抱いて揺さぶると顔の表情がゆるんだり声を上げて喜んだりする。
- 81102 声のする方向に首をまわして見る。
- 81103 母親など，ごく親しい人に甘えた行動を示す。
- 81104 話をするように声を出す（喃語を含む）。
- 81105 「イナイイナイ，バー」などの動作に声を出して喜ぶ。
- 81106 「イヤイヤ」「バイバイ」などの身ぶりをする。
- 81107 手を添えた簡単なサインを理解する。
- 81108 サインに添えたことばを理解する。
- 81109 「バイバイ」「いらっしゃい」など，簡単な大人のことばを理解して行動す

る。
- ○ 81110　簡単な大人のことばをそのまままねる。
- ○ 81111　モノを確認してその名前を言ったり，動作をまねたりする。
- ○ 81112　本を読んでもらったり話を聞いたりすることを好む。
- ○ 81113　絵本に見入ったりページをめくったりして遊ぶ。
- ○ 81114　絵本を見て知っているモノの名前を言ったり，指をさしたりする。
- ○ 81115　「新聞を持ってきて」などの言いつけを理解して行動する。
- ○ 81116　目・口・鼻などの名称を言うと，自分の体の部分を指さす。
- ○ 81117　自分の名前を呼ばれると「はい」と返事をする。
- ○ 81118　母親の言ったことばをそのまままねて言う。
- ○ 81119　欲しいモノがあると「ちょうだい」と言ってもらいに来る。
- ○ 81120　いちいち「これなあに」と聞く。
- ○ 81121　「ママどこ」などと聞くと，「ママ　カイモノ　イッタ」など，簡単な話しことばで答える。
- ○ 81122　仲のいい友だちからの声かけなどに応じて対応する。
- ○ 81123　節をつけて童謡の一部を歌う。
- ○ 81124　電話ごっこで交互に話す。
- ○ 81125　名前を聞くと，性と名を正しく言う。
- ○ 81126　他の子を誘ったり呼びかけに応じたりする。
- ○ 81127　お菓子などを一つ持っていて，さらに「もう一つちょうだい」を言う。
- ○ 81128　遊びのルールを理解して友だちと遊ぶ。

(第2段階)
- ○ 81201　大勢の友だちの中でも元気よく会話ができる。
- ○ 81202　声の調子や顔の表情などを手がかりにして相手が怒っているか喜んでいるかなどが分かる。
- ○ 81203　他の子に「○○しようよ」と誘いかける。
- ○ 81204　話がとぎれると「それからどうなるの」などと催促する。
- ○ 81205　モノのやりとりや貸し借りをことばを介して行う。
- ○ 81206　友だちと絵本を見ながら話のやりとりをする。
- ○ 81207　経験したことを両親や先生，友だちなどに話す。

- ○ 81208　しきりに他人に話しかけたり，ひとりごとを言ったりする。
- ○ 81209　すらすらとわかりやすくものを言う。
- ○ 81210　大人の話に興味をもつ。
- ○ 81211　テレビなどで見たことを話題にして友だち同士で話をする。
- ○ 81212　遊びに加わりたいときは「いれて」と催促する。
- ○ 81213　誇張したり，作り話をするなどして想像したことを話したりする。
- ○ 81214　時計に興味を持ち，「何時？」と尋ねる。
- ○ 81215　ひとりで実際にはいない人に話しかけたり，物語の主人公になって話したりする。
- ○ 81216　遊びや勉強などで良い成績を収めると表情豊かに喜ぶ。
- ○ 81217　しりとり遊びをする。
- ○ 81218　子ども向けのカルタで遊び，どちらが勝ったかを競う。
- ○ 81219　なぞなぞ遊びを好んで行う。
- ○ 81220　ブランコをこぐ回数を正しく数えて，友だちと順番に遊ぶ。
- ○ 81221　トランプで神経衰弱の遊びをする。

（第3段階）

- ○ 81301　自分で自信を持って友だちと遊ぶことができる遊びがいくつかある。
- ○ 81302　幼児語をほとんど使わない。
- ○ 81303　相手の目を見て対話をする。
- ○ 81304　相手によって話題を選ぶ。
- ○ 81305　家族の生年月日に興味を持って尋ねる。
- ○ 81306　電話の取り次ぎをしたり，電話で上手に話したりする。
- ○ 81307　表情で相手の気持ちを知る。
- ○ 81308　相手の反応を確かめながら話す。
- ○ 81309　相手の方を向いて正しい姿勢で話す。
- ○ 81310　気持ちを表情や身ぶりに込めて話す。

（第4段階）

- ○ 81401　対話においては，声の調子やジェスチャー，あるいは表情等も含めて対応する。
- ○ 81402　3人以上で共通の話題を選んで話す。

- ○ 81403　声の質で相手の気持ちを察したり相手の様子を理解したりする。
- ○ 81404　豊かな表情や身ぶりでその場にふさわしいリラックスした姿勢で話す。
- ○ 81405　音声言語で伝わりにくい場合は身ぶりや筆談等の補助的手段も交えて伝える工夫をする。
- ○ 81406　必要に応じて絵や写真，コミュニケーション機器等を活用して意思の伝達を行う。
- ○ 81407　3人以上で話すとき顔や体の向きを自然に変える。
- ○ 81408　電話で要領よく用件を伝えたり，適切な受け答えをしたりする。
- ○ 81409　相手や場に応じたお辞儀の仕方を心得て挨拶などを行う。

第5段階
- ○ 81501　先端機器を情報収集やコミュニケーション手段として必要に応じて選択して使用する。
- ○ 81502　話し方や聞き方を場に応じて工夫する。
- ○ 81503　TPOを心得て話の内容やことばづかい，声の調子などを変える。

(2) 音声・語彙・語法

第1段階
- ○ 82101　いろいろな音声を発する（喃語も含む）。
- ○ 82102　「マンマ」「ママ」「パパ」などの一語文を言う。
- ○ 82103　手や目で確かめてモノの名前を言う。
- ○ 82104　「○○ちゃんのママ」や「○○ちゃんこわい」などと二語文を言う。
- ○ 82105　多くのことばをまねして話す。
- ○ 82106　「スキ，キライ」「オオキイ，チイサイ」など反意語を対にして言う。
- ○ 82107　赤，緑，青などの色の名前が分かり，その色を正確に指さす。
- ○ 82108　話にリズムをつけて軽快に話す。
- ○ 82109　「ボク」「ワタシ」などを使って話す。

第2段階
- ○ 82201　ことばに節や拍子をつけて言う。
- ○ 82202　新語や珍語などを好んで使う。
- ○ 82203　仮名で書かれた自分の名前を読む。

- ○ 82204 初めて聞いたことばの意味を知りたがる。
- ○ 82205 初めて聞いたことばが指しているモノを，見たりさわったり動作をしたりして確かめる。
- ○ 82206 「でも」「それで」「それから」などを用いて話を続ける。
- ○ 82207 感動詞などを用いて大げさに言う。
- ○ 82208 曜日，時刻，場所などを表わすことばを好んで使う。
- ○ 82209 電車に乗ると駅の看板などを読みあげる。
- ○ 82210 しりとりなどを音節を分離して言う。
- ○ 82211 数字がおおかた読める。
- ○ 82212 自分の名前を平仮名で書く。
- ○ 82213 サイコロの目を読む。
- ○ 82214 自分の家の住所を間違いなく言う。
- ○ 82215 平仮名の短いことばを拾い読みする。
- ○ 82216 数字を大方読み書きする。
- ○ 82217 絵本の文字をたどたどしく読む。
- ○ 82218 今日は何曜日か分かる。
- ○ 82219 自分の誕生日が何月何日か分かる。
- ○ 82220 子ども向けの漫画の本を喜んで見たり読んだりする。
- ○ 82221 名詞や動詞などのことばの概念をおおかた身に付けている。

（第3段階）

- ○ 82301 幼児語をほとんど使わなくなる。
- ○ 82302 正しい姿勢で発声する。
- ○ 82303 正しく明瞭に発音する。
- ○ 82304 場に応じて声量を調整する。
- ○ 82305 新しいことばの具体的なイメージや正しい意味を確かめる。
- ○ 82306 カレンダーで日にちと曜日を確かめる。
- ○ 82307 時計の針を正しく読む。
- ○ 82308 助詞，助動詞，接続詞，代名詞を正しく用いる。

（第4段階）

- ○ 82401 美しい発声や発音で話をする。

- ○ 82402　ことばの内容や相手の反応によって話のリズムや調子を変える。
- ○ 82403　抽象語の正しい定義や用法を確かめるなどして理解している。
- ○ 82404　各種の語法に慣れる。

〔第5段階〕
- ○ 82501　発音，アクセント，意味，語源などを辞典などで確かめて正しく用いる。

(3) 文字と符号

〔第1段階〕
- ○ 83101　マーク，名札などの形，色彩，材質などで自分のモノや場所を知る。

〔第2段階〕
- ○ 83201　標識，看板，デザインなどの意味を知る。
- ○ 83202　全体の形で直感的に自分の名前や「病院」などの漢字を読む。
- ○ 83203　時計の時刻を針の向きや形で読む。
- ○ 83204　平仮名や数字をおおかた読む。

〔第3段階〕
- ○ 83301　文字を理解し，語や文を読む。
- ○ 83302　文字を書くルールを大方理解している。
- ○ 83303　枠組みの中に仮名や漢字を書く。
- ○ 83304　画数の多い漢字も，書き順を踏まえて丁寧に書く。
- ○ 83305　自分の思いを文章に書く。
- ○ 83306　大切なことをメモにとる。

〔第4段階〕
- ○ 83401　パソコン等の先端機器を用いて文章を書く。
- ○ 83402　必要な記号や符号，標識等の意味を理解して活用する。
- ○ 83403　文字や写真等の必要な記録を保存する。

〔第5段階〕
- ○ 83501　インタビューなどを行った際，要点をメモして記録に残す。
- ○ 83502　必要に応じて最も適切な書字用具やコミュニケーション機器を選んで活用する。

(4) 人間関係と社会性

第1段階

○ 84101　人の顔などを，じっと見つめる。
○ 84102　機嫌のいいとき，体をゆすったり，声かけしたりすると，顔を見て笑う。
○ 84103　そばを歩く人や動くモノを目で追う。
○ 84104　気にいらないことがあると，むずかって怒ったり，そっくり返ったりする。
○ 84105　全く知らない人に対しては怖がったり恥ずかしがったりする。
○ 84106　親しい人が手をさしのべると喜んで自分から体を乗りだす。
○ 84107　にこやかな顔と怒った顔との区別が分かる。
○ 84108　何か要求があるときは声を出して注意をひく。
○ 84109　呼びかけると振り返って相手の方に体を向ける。
○ 84110　玩具などを取り上げると怒る。
○ 84111　「ちょうだい」と言うとお菓子などを相手に渡す。
○ 84112　鏡に興味を持ち，鏡の中の自分におじぎをしたり笑いかけたりして遊ぶ。
○ 84113　他人に興味を持ち，近づいていって着物などにさわる。
○ 84114　子どもの中に混じっていると，ひとりで機嫌よく遊ぶ。
○ 84115　親しい人のいろいろなしぐさをまねる。
○ 84116　他の人に玩具や洋服を見せびらかして得意になる。
○ 84117　友だちと機嫌よく手をつなぐ。
○ 84118　外で遊ぶのを好むようになる。
○ 84119　子ども同士で追いかけっこをする。
○ 84120　遊び友だちの名前が言えるようになる。
○ 84121　欲しいモノがあっても言い聞かせれば，がまんして待つ。
○ 84122　友だちとけんかをすると言いつけにくる。
○ 84123　電話ごっこで2人で交互に会話ができる。
○ 84124　人形に話しかけたり，おんぶしたり，抱いたりして遊ぶ。
○ 84125　友だちとままごとごっこや乗り物ごっこをして遊ぶ。

第2段階

○ 84201　自分の気に入らないことがあってもある程度感情を抑えることができる。
○ 84202　ブランコなどに友だちと順番に乗って遊ぶ。

- ○ 84203　母親や先生にほめられると得意になって自慢する。
- ○ 84204　かくれんぼを好み，隠れたり探したりの役割交替をする。
- ○ 84205　じゃんけんやゲームなどで自分が負けると悔やしがる。
- ○ 84206　自分の作ったモノと友だちの作ったモノを互いに見せ合う。
- ○ 84207　友だちと互いに主張したり妥協したりしながら遊ぶ。
- ○ 84208　鬼ごっこをして鬼になると他の子を追いかけてつかまえる。
- ○ 84209　まりつきやなわ跳びなど，どちらがよくできるか友だちと競争する。
- ○ 84210　お金を渡せばきちんと品物を買う。
- ○ 84211　赤と白に分かれた競技でどちらが勝ったか分かる。
- ○ 84212　かわいそうな話を聞くと涙ぐむ。
- ○ 84213　じゃんけんの勝ち負けが分かる。
- ○ 84214　2人以上で協力して砂場で一つの山をつくる。
- ○ 84215　禁止されていることを他の子どもがやったとき，その子どもに注意する。
- ○ 84216　数人が一緒になってルールを決めてごっこ遊びをする。
- ○ 84217　自分で店に行って品物を買っておつりをもらう。
- ○ 84218　信号を見て横断歩道を正しく渡る。
- ○ 84219　小づかいを貯金するなどしてお金をためることに興味を持つ。
- ○ 84220　小さい子や弱い子の面倒を見る。

〔第3段階〕

- ○ 84301　取りっこをしたとき，子ども同士でじゃんけんするなどして解決する。
- ○ 84302　トランプのばばぬきをして遊ぶ。
- ○ 84303　警官ごっこなど組織だった遊びを数人の子どもたちとして遊ぶ。
- ○ 84304　友だちがやってもらいたいと思っていることを察してやってあげる。
- ○ 84305　収集物（小石，千代紙など）を友だちと交換する。
- ○ 84306　簡単な用件なら電話をかけて正確に伝える。
- ○ 84307　電車の切符を買うなどして少し離れた目的地までひとりで行く。
- ○ 84308　いろいろな会に参加して積極的に意見を言う。
- ○ 84309　パソコン等の情報端末機を用いて仲間と交信する。

〔第4段階〕

- ○ 84401　遠方の友だちなどに手紙で用件を伝える。

- ◯ 84402　自分のやるべきことは最後までやりとおす。
- ◯ 84403　相手に伝えなければならない内容をまとめて案内状などを作る。
- ◯ 84404　TPOを心得て挨拶をする。
- ◯ 84405　病院にひとりで行って診察などを受ける。
- ◯ 84406　パソコン等の情報端末機を活用して人間関係を広げ，生活を豊かにする。

【第5段階】
- ◯ 84501　金融機関に預金したり送金したりする。
- ◯ 84502　ATMを使ってお金の出し入れをする。
- ◯ 84503　各種の書類を正確に書いて処理する。
- ◯ 84504　パソコン等の情報端末機を日常的に活用して情報収集や情報発信を行う。

【補足】 重複障害児に対する行動のチェック項目

　障害が重度な幼児児童生徒の場合は，人間行動が初期の段階にとどまっていますが，それぞれの幼児児童生徒なりに，外界からの情報を受け止めてそれに対処する基本的な行動が観察されます。そういう基本的な反応をチェックして，一段と実用的な行動に導くための方策を工夫することが大切です。障害が重度な幼児児童生徒を見ると，課題が多すぎてどんな側面から指導を開始したらいいか迷うことがたびたびありますが，そんな場合には，対象児が最も興味を示すところから糸口を見つけるのがよいといわれます。そして，指導者も対象児も共に納得のゆく課題を見つけることができたとき，人間行動は，一段と価値のある側面へと発展していくことができるのではないかと思います。このように，指導者と対象児が相互に納得のゆく課題を見つけるための手がかりとして，以下のチェック項目を活用していただければ幸いです。

(1) 全般的な行動の傾向

01　身近な人であっても目と目を合わせることができない。
02　初対面の人と目と目を合わせることができない。
03　人の顔をじっと見ることができない。
04　微笑みに対して微笑みで返すことができない。
05　話し方の抑揚・リズム・速度などにぎこちなさを感じる。
06　友だちといることを喜ぶ様子が見られない。
07　呼びかけに対してその人の方を向いたり振り向いたりしない。
08　手をヒラヒラさせる・ぐるぐる回る・首を振る等の常同行動が頻繁に見られる。
09　同じことばを繰り返してつぶやく。
10　オーム返しが頻繁にある。
11　自傷行為が見られる。
12　特定のモノや事柄に強いこだわりがある。
13　日課や特定の儀式的事柄に強くこだわる。

14　著しい偏食がある。
15　変化に対する抵抗が強く，多くの場合情緒不安定になる。
16　些細なことに怯えたり不安がったりする。
17　危険なことや危険な場所の判断がつかないため目が離せない。
18　落ち着きがなく，ものごとを集中してできない。
19　多動でじっと席に着いていることができない。
20　モノの操作にぎこちなさや不器用さが目立つ。
21　特定のモノにこだわって何時までも見ているなどして，次の動作に移れない。
22　特定のモノにこだわってそれを持ち歩いたりする（取り上げると情緒不安定になる）。
23　鋭い光や音などの刺激に対して非常な恐怖心を持つ。

(2)　ことば
01　ほとんど声を発しない。
02　意味のある語彙の表出がない。
03　ことばはないが，いくつかの要求を顔の表情やサインなどで伝えようとする。
04　年齢相応のことばが出てこない。
05　発音が不明瞭で聞き取りにくい。
06　単語の羅列のような話し方しかできない。
07　発語はないが頭を下げたり身ぶりなどによって挨拶する。

(3)　人間関係
01　知らない人から声をかけられるとパニックを起こす。
02　大勢の人の中に入ったり，急激な環境の変化が起こったりすると情緒不安定になる。
03　新しい友だちや環境になかなかなじめない。
04　新たな環境等ではほとんど話をしない。
05　場面緘黙が見られる。

(4) 食事
01　ひとりでは全く食べられない。
02　流動食しか食べられない。
03　手指につかんで食べ物を食べる。
04　幾分こぼしながらもスプーンやフォークで食べる。
05　幾分こぼしながらも箸を使ってなんとか食べる。
06　幾分こぼすがコップや湯飲みを持って飲む。
07　手助けがないとコップや湯飲みから飲めない。
08　食べ物を口の周りにいっぱい付けたり，食卓の周り一面にこぼしたりする。
09　食べ物はかまずにのみ下す。
10　食べ方が遅すぎたり早すぎたりする。

(5) 排泄
01　昼夜を問わず大・小便の失敗をする。
02　全く排泄のしつけができない。
03　昼間でもしばしば大・小便の失敗をする。
04　昼間でもときどき大・小便の失敗をする。
05　昼間には大便の失敗はないが，ときどき小便の失敗をする。
06　昼間にはときどき便意を伝える。
07　昼間には常に便意を伝える。

(6) 睡眠
01　昼間寝て夜騒ぐなど，昼夜の逆転が見られる。
02　睡眠時間が短く，夜中でも起きて騒ぐ。
03　添い寝をしないと寝ない。
04　夜に起き出して出歩くなどの行為があり，目が離せない。
05　常にうとうとしていて目覚めている時間が短い。
06　頻繁に夜泣きをする。

(7) 衣服等の着脱

01　おむつ交換をいやがる。

02　おむつ交換の際，協力的な対応が見られない。

03　更衣介助に協力的な対応が見られない。

04　靴下の着脱をいやがる。

05　帽子をかぶらせると，いやがって取る。

06　衣服を着脱することをいやがる。

(8) 清潔

01　顔や体をふくのをいやがる。

02　おむつが汚れていてもほとんど反応がない。

03　歯磨き介助をいやがる。

04　お風呂に入るのをいやがる。

〈参考文献・資料〉

武田泰信（1878）『練水要訣』
東京都立盲学校感覚訓練教育研究会（1971）『盲学校における養護・訓練関係資料集 第2集』
加藤義明 他（1989）『入門人格心理学』八千代出版
津守 真・稲毛教子（1995）『乳幼児精神発達質問紙1～12か月まで』大日本図書
津守 真・稲毛教子（1995）『乳幼児精神発達質問紙1～3歳まで』大日本図書
津守 真・磯部景子（1995）『乳幼児精神発達質問紙3～7歳まで』大日本図書
香川邦生（2000）『自立活動の指導』教育出版
厚生労働省（2002）『国際生活機能分類』中央法規
桜井茂男 編（2004）『最新教育心理学』図書文化社
香川邦生（2005）『個別の教育支援計画の作成と実践』教育出版
橋本創一 他（2006）『特別支援教育の基礎知識』明治図書
鬼秀範（2008）『発達障害のある子どもの支援スタートブック──自立活動，自立活動的な学習の実践』明治図書
新井英靖（2009）『障害特性に応じた指導と自立活動』黎明書房
遠城寺宗徳（2009）『遠城寺式乳幼児分析的発達検査法』慶應義塾大学出版会
笹森洋樹・廣瀬由美子・三苫由紀雄 編著（2009）『新教育課程における発達障害のある子どもの自立活動の指導』明治図書
文部科学省（2009）『特別支援学校学習指導要領解説「自立活動」』海文堂出版
中尾繁樹（2009）『みんなの「自立活動」特別支援学級・通級指導教室・通常の学級編（「特別」ではない特別支援教育）』明治図書
中尾繁樹（2009）『みんなの「自立活動」特別支援学校編（「特別」ではない特別支援教育）』明治図書
宮崎英憲 他（2011）『よさを伸ばし，豊かな生活をつくる自立活動』明治図書
社会福祉法人全国心身障害児福祉財団（2011）『新しい自立活動の実践ハンドブック』社会福祉法人全国心身障害児福祉財団

[著者紹介]

香川邦生（かがわ くにお）

　略　歴
1964年3月　　　　　　　　広島大学教育学部卒
1964年4月～1978年3月　　国・公立学校教員
1978年4月～1990年3月　　文部省初等中等教育局特殊教育課教科調査官
1990年4月～1998年3月　　筑波大学助教授
1998年4月～2004年3月　　筑波大学教授
2004年4月～2011年3月　　健康科学大学教授
2011年4月～　　　　　　　視覚・触覚情報支援教育研究所主宰

　主な著書（編集責任及び著者）
1999年『視力の弱い子どもの理解と支援』教育出版
2000年『自立活動の指導』教育出版
2005年『個別の教育支援計画の作成と実践』教育出版
2009年『視力の弱い子どもの学習支援』教育出版
2011年『四訂版　視覚障害教育に携わる方のために』慶應義塾大学出版会
2012年『特別支援教育コーディネーターの役割と連携の実際』教育出版
2013年『障害のある子どもの認知と動作の基礎支援』教育出版
2013年『我が国における弱視教育の展開』あずさ書店

分かりやすい「自立活動」領域の捉え方と実践
個々の実態に応じた行動要素の活用

2015年7月10日　初版第1刷発行

著　者　香　川　邦　生
発行者　小　林　一　光
発行所　教育出版株式会社
〒101-0051　東京都千代田区神田神保町2-10
電話　03-3238-6965　振替　00190-1-107340

©K. Kagawa　2015
Printed in Japan
落丁・乱丁はお取替いたします。

印刷　モリモト印刷
製本　上島製本

ISBN978-4-316-80429-3　C3037